导演心法

用导演的方式提升商业软实力

马强 著

中国财富出版社

图书在版编目（CIP）数据

导演心法 / 马强著.—北京：中国财富出版社，2018.3
ISBN 978-7-5047-6622-9

Ⅰ.①导…　Ⅱ.①马…　Ⅲ.①文化产业—创业—研究　Ⅳ.①G114

中国版本图书馆CIP数据核字（2018）第057334号

策划编辑	谢晓绚	责任编辑	张冬梅　周　畅		
责任印制	梁　凡	责任校对	孙会香　卓闪闪	责任发行	董　倩

出版发行	中国财富出版社		
社　　址	北京市丰台区南四环西路188号5区20楼	邮政编码	100070
电　　话	010-52227588转2048/2028（发行部）	010-52227588转321（总编室）	
	010-68589540（读者服务部）	010-52227588转305（质检部）	
网　　址	http://www.cfpress.com.cn		
经　　销	新华书店		
印　　刷	北京凯德印刷有限责任公司		
书　　号	ISBN 978-7-5047-6622-9 / G·0699		
开　　本	710mm×1000mm　1/16	版　　次	2018年5月第1版
印　　张	23	印　　次	2018年5月第1次印刷
字　　数	431千字	定　　价	88.00元

成员单位

黑钻石（北京）文化传媒股份有限公司

导演商学院有限公司

路演产业联盟有限公司

广州黑钻影石品牌策划有限公司

北京黑钻石路演文化发展有限公司

黑钻石（成都）文化传媒有限公司

北京新海君风传媒策划有限公司

谨以此书

献给那些坚持用光影故事点亮心中梦想的人们。

马强

北京大学、清华大学 EMBA（高级管理人员工商管理硕士）特聘导师

黑钻石人文研究院院长

黑钻石国际传媒集团创始人

《路演兵法》《路演中国》《导演心法》图书作者

科技部火炬中心创业导师

中关村丰台园专家顾问委员会委员

全国"青年领袖创业大赛"特聘导师

中关村金种子项目孵化导师

马强 导演 / 策划人 / 投资人

从事出版、教育、影视、投资等多个领域的工作，2013 年创建黑钻石（北京）文化传媒股份有限公司，将人文艺术与商业资本充分融合，聚焦路演领域课题，同时也将商业故事融入电影创作中。截止到 2017 年 7 月，黑钻石创作了 1200 余部呈现商业价值与文化的短片、微电影。实现了巨大的商业价值并引起了极大的社会反响。作品《舞者》获第三届亚洲微电影艺术节评委会大奖，《变革》获全国微电影大赛银奖。

马强辅导了两百余个商业项目的路演，包含云南吉盛祥茶业有限公司、北京鼎汉技术股份有限公司、重庆市盐业（集团）有限公司、上海牧粮实业有限公司、北京凯利尔医疗科技有限公司、北京当瑟文化艺术发展有限公司等众多经典案例。马强导演也曾为北京丰台、青海玉树、云南西双版纳、马来西亚槟城等城市和区域制定了城市影像路演系统，这些路演系统已成为城市品牌宣传及招商引资的重要依托。

马强将丰富的影视艺术实践经验总结成系统的商业应用理论体系，为创业者提供融资路演辅导及创新商业模式梳理。由他发起的"路演兵法""路演英雄"等路演活动，受到政府、企业家及创业者高度认可。

《导演心法》一书是对他在黑钻石导演商学院授课内容的提炼与浓缩。

马强一直致力于人文精神传播，搭建起用路演吸引资本及市场关注的优质连锁平台——路演事务所，汇聚光影的魅力，用讲述中国故事的方式，路演"中国梦"。

扫码可欣赏
马强导演个人宣传片
（时长 04：01）

自序

P R E F A C E

▲ 图源 南非鸵鸟蛋工艺品

    十几年前，我刚刚接触文创领域，那时候社会上还没有这么多的影视公司，行业门槛也很高，众多影视精英基本都混迹于电视台及大型的广告公司，如今随着互联网与创作所需硬件设备普及，这个行业的门槛越来越低，大家才开始了真正的头脑对决。

    后来，我去南非拍摄，回来的时候，整个行李包里只带回来两样东西：一样是南非的兽皮手鼓，另一样是由鸵鸟蛋壳做成的工艺品。

    一个鼓、一个蛋，成了两颗种子，从后来黑钻石的成长路径来看，它们恰好一个代表了资本，一个代表了创造，黑钻石正在做的事情无非就是"路演＋影视"，路演面向资本，而影视恰好正是我们热爱的创作。

    我一直认为，无论做任何事，对事物的认知都是十分重要的。技

▲ 图源 导演商学院学员合影

术仅仅是做好一件事的入门素养。伴随着内容营销的兴起，无论是国家还是城市，乃至企业对影视作品的需求量都呈爆发式增长。一部《人民的名义》呈现司法的尊严，一部《永远在路上》震慑着腐败与贪婪，一部《战狼Ⅱ》彰显出中国军人的形象，《魅力中国城》等栏目也一改城市宣传的"千城一面"，为人们呈现出无比灿烂的华夏文明……这些影片与栏目的成功都具备一个非常重要的因素——创作人对所要表达、呈现的事物的认知是极为精准的。

然而，认知精准的人太少了。

每年黑钻石都展开大量的面试、招聘，很多面试者毕业于专业对口的院校，但能用的人才寥寥无几，有些人技术设备用得很好，但对商业乃至人情世故的认知却少之又少。在黑钻石创立之初，我就开始在内部提倡商业与艺术平衡成长。

2013 年，为了更好地改善用人环境以及进行黑钻石的文创产业等战略布局，我正式开启导演商学院。最初它是以导演特训营的方式开展，为期 30 天，后来优化到 18 天、7 天，最后固定为 7 天，将学员的集中式学习与全年的 MBA（工商管理硕士）式学习相融合。

历年授课 LECTURES OVER THE YEARS

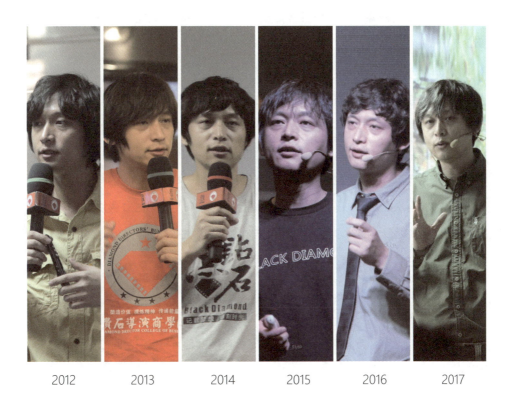

| 2012 | 2013 | 2014 | 2015 | 2016 | 2017 |

导演商学院的学员来自全国各地，同时还有来自马来西亚等东南亚国家和地区的学员，他们有些是影视行业从业人员、电视台从业者、企业的企划人员，企业家自己来上课的也非常多。教学内容包含了导演的综合素养、案例式分析如何创作出有商业价值的影片、路演概念普及等与影视相关但又不局限于影视行业的课程体系，课程一经推出立刻引起市场强烈反响。迄今为止，已经有上千名学员学习了该课程并将这套系统带回当地，不断地加快影视与商业接轨的步伐，使自己的公司在区域内成为佼佼者。

越来越多的影视公司、广告公司、培训公司、咨询策划公司等聚集在一起，就是一个巨大的资源，更是一个极好的文创孵化平台。

如今，导演商学院已经开办数十期，很多同学之间都有了合作，他们甚至互为股东互为客户，在中国的影视行业掀起一股黑钻石旋风，让商业精神助推艺术，使艺术思想入驻商业。

在这几年里，每次导演商学院开班我多则授课几天，少则授课十几小时，每次都调整优化自己的课件与分享案例，不断完善这套理论体系，使之既可以开启心智，也扎实落地，让学生能够学以致用。所有的课件幻灯片均是自己制作，大约有近 3000 页。终于在 2017 年，我将所授课程内容整理出来，凝缩其中精华部分写成一本《导演心法》，这是思想沉淀的过程，也是再次提升的过程。给导演商学院授课这几年，也是我成长最快的几年，我常告诉自己：分享是最好的学习。看起来台上老师在教导学生，实际上老师也通过授课更加认清了自己。

希望《导演心法》可以为更多立志在文创领域有所建树的艺术家、创业者找出属于自己的发展轨迹、奋斗方向甚至是思考方式，那可能就是当初自己带回的鸵鸟蛋的深层意义吧。

在每期导演商学院学员毕业典礼上，我都会说这样一句话，如今拿这句话来作为自序的结尾：

"祝大家永葆'记载梦想·雕刻时光'的使命感，不断提升导演素养并修炼内心，创作出更多有社会价值的作品，导演商学院永远敞开家门，欢迎你回家！"

梦想先导，演绎人生。

2018.1.19 于北京

目录
CONTENTS

电影需要导演，

企业需要导演式的创业者。

每个人无时无刻不在对自己和周围产生影响，

但要想成为一个不止于创作的导演，

则需要在思想、认知、运筹、技术、战法等方面全面提升。

那时我们才能骄傲地说，

自己是人生的导演。

序章

——写在学习之前

每个企业

每座城市

每个国家都需要

导演型人才与文化创意类服务

——《路演中国》

学习需强化三个认知

文创不仅仅是文创行业的文创
互联网文化 科技文化 城市文化 企业文化

文创行业十分需要导演型人才
具备导演素质的创业者 具备创业精神的导演

文创类教育有可能是未来最值得投资的事业
国家政策 物质基础 人文素养

一个个简洁、科技感十足的产品，让苹果公司成为了"苹果粉"心目中的圣地，他们参观之余，更是自掏腰包买下不少纪念品；

一部《哈利·波特》使原本名声在外的牛津大学更是家喻户晓，让慕名而来的游客流连忘返；

▲ 图源 导演商学院国际游学班在牛津大学体验学习

一个漫画家的壁画让马来西亚的槟城兴起了一股街头艺术的风潮，无数的艺术作品展现在大家面前，让前来槟城的游客不遗余力地摆出各种 pose（姿势）和这些艺术作品合影，而这些涂鸦已经成为了槟城的一张"城市名片"，吸引着更多的人前来观光；

▲ 图源　导演商学院国际游学班在马来西亚槟城体验学习

　　一个小尿童拯救了整个城市的传奇故事被世人熟知，再经过众多文创人的加工制作，在比利时的街头巷尾到处都能看到这个小尿童的"身影"，从而给比利时带来了许多经济收入。

　　……

▲ 图源　导演商学院国际游学班在比利时体验学习

"我们从哪里来？我们走向何方？中国到了今天，我无时无刻不提醒自己，要有这样一种历史感。 伫立在天安门广场的人民英雄纪念碑有一组浮雕，表现的是1840年鸦片战争到1949年中国革命胜利的全景图。 我们一方面缅怀先烈，一方面沿着先烈的足迹向前走。 我们提出了中国梦，它的最大公约数就是中华民族伟大复兴……中国有坚定的道路自信、理论自信、制度自信，其本质是建立在5000多年文明传承基础上的文化自信。"

—— 2015年11月3日，习近平会见第二届 "读懂中国" 国际会议外方代表时发表的演说

学校、企业、城市，都因为文化创意而焕发出迷人的光彩。如果从创新视角、科技视角、城市视角、社会视角来观察这些 "文化现象"，可以发现其核心特征是创新与跨界，是以一个更广阔、更多维的视角推动社会文化发展，完成文创人的时代任务。

 人民日报 V
【51亿！《战狼2》跻身全球票房前100名！】继登顶中国电影票房总票房冠军后，昨天《战狼2》总票房已超过51亿元，成功进入全球电影史票房排行前100名。这也是亚洲电影首次入席，并且是前100名里唯一的一部非好莱坞电影。 🔗 51亿！《战... 看过的同学举手！

 新浪娱乐 V
【《战狼2》56.8亿票房收官 累计1.59亿观影人次】由@吴京 导演并主演的《战狼2》圆满收官，累计观影人次1.59亿，最终票房56.8亿人民币，位列全球票房榜第55名，也是首部跻身全球票房top100的中国电影，也是全球影史单一市场观影人次的冠军。片方发布收官海报为电影画上圆满句号。 🔗 《战狼2》5...

这部电影的热映如同中国军人形象与国家实力在国际社会的一次 "路演"。透过这场 "路演"，中国向世界展示了中国军人 "一日为战狼，终身为战狼" 的铮铮铁骨，也在以一种全新的视角向世界宣示——"中国的发展，是世界和平力量的壮大，是传递友谊的正能量"。

——《用阳光心态品读 "战狼"》

这段《人民日报》的社评高度赞誉了《战狼Ⅱ》在传递中国价值和中国能量方面的影响力，一部影片创造的不仅仅是票房，亦是走进人心的价值观，更是走向世界的良好印象。可以说，每部电影都是一部国家的路演影片。

城市、企业、个人，其实都需要一部自己的《战狼Ⅱ》！

所以，文创不仅仅是文创人的文创，也不仅仅是文创行业的文创，而是经济、文化、技术等相互融合的产物，具有高度融合性、较强的渗透性和辐射力。狭义上它是一个品牌，能够增加文化附加值；再高一层，它是一种产业升级，利用科技创意、互联网等形式达到企业升级、创建城市文明的目的，因此它是一种互联网文化、科技文化、企业文化乃至城市文化。而这也必然对文创人和文创服务提出更高、更新的要求。

而"中国梦"如何实现？立足于我们的文化，创新我们的文化，壮大我们的文化，顺应时代的潮流，发展文创产业是文化自信建设里必不可少的一环。

2016年年初，联合国教科文组织发布了题为《文化时代：全球文化创意产业总览》的研究报告。该报告表明：文创产业是全球经济的支柱产业，对世界经济和社会就业作出了巨大贡献，无论在发达国家还是在新兴市场经济体都正在成为国家和地区经济的战略性产业。

文创产业是文化产业、创意产业出现后相互融合形成的新业态，正逐渐成为全球范围内文化发展的时代新景观。它的蓬勃发展催生了文创理念的兴起。这种理念为观察当代文化发展提供了全新的视角与强大的生命力。

2. 文创行业十分需要导演型人才

文创人是指通过创新手段进行项目创意、策划、实施，并能够创造文化价值、经济价值的专业化人才。

他们是文化产业岗位的核心人物，对文化产业项目的确立、运营、发展具有创新意义和战略意义，具有保真性和指导性，是国家的核心竞争力之一。据人民网报道，我国每年有百万创意、策划人才缺口。

然而，文创是一种艺术行为，也是一种商业行为，笔者一直认为，从事文创的人员应该是复合型人才，既要具有一定的历史文化认知，还要具有美学素养、艺术气质；同时还要了解市场，要时尚、前卫，并具备运筹帷幄、驾驭全局的能力。概括来说，文创行业十分需要导演型人才。他不是传统意义上坐在摄像机前喊"咔"的人，而是统揽全局、独具慧眼的"幕后推手"。而导演型人才就是具备导演素质的创业者和具备创业精神的导演。

如果一个创业者能够像导演那般掌握全局，品读未来，用自己的艺术风格、性格乃至价值观，像操控一部影片那样掌控着自己的企业，使企业呈现出极大的"艺术性"，必然更容易成功；同理，如果一个导演，具备了创业者不屈不挠、艰苦创业的精神，能够很好地平衡利弊，更圆融地处理人情世故，就更容易创作出真正接地气、被市场接纳的艺术作品。

阿莫多瓦说"电影可以学"，想成为导演型人才当然也有路径可循。

马强导演到各城市授课，受到学员们热烈欢迎

一个国家的发展受到自然环境和土地、金融资本等硬性资本约束，而文化创意产业整合知识、文化、人力资本等软性资源，其反复使用、环状价值链的特征驱动其价值创造过程中边际效益递增，这将成为改变我国经济发展方式和城市经济转型的重要源泉，也将成为经济发展的新潮流和国家的战略性选择。同时，随着中国经济发展，中国的消费群体将会更加追求精神和视觉上的享受，需要精神层面的交流和学习，人文素养也在不断提高，中国的文创产品将会迎来一个春天，人才短缺将是这个产业的瓶颈之一，这更决定了文创类教育广阔的市场前景，文创类教育有可能是未来最值得投资的事业。

黑钻石的品牌影响力与发展，很大程度上得益于四年前布局的导演商学院，它也将成为文创企业的发展平台。

梦想先导为艺之本，演绎人生乃商之魂。本着培养文创人才，孵化文创项目，推动产业融合的使命，黑钻石开设了导演商学院。

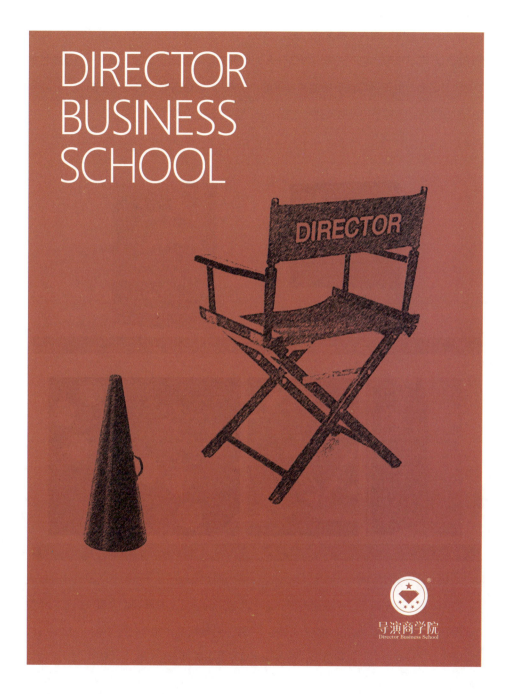

据不完全统计，导演商学院为黑钻石贡献了 20% 的市场业务，30% 的一线创作人员，35% 的品牌价值和 40% 的媒体内容。

其实，成立导演商学院的初衷很简单。导演型人才和文化创意类服务在我国比较少见，中国应该有更多的人从事文创行业。然而，许多想从事该行业的人却苦于没有一个特别好的地方可以学习，也不知道该学些什么，导演商学院能给更多的人提供一个系统性的文创学习渠道。也正是得益于导演商学院的"贡献"，黑钻石除了日益增多的客户和不断提升的业绩外，还有了自己的文化衍生品——"学习三宝"和"钻石三宝"。

黑钻石出版的路演系列丛书 —— 《路演中国》《路演兵法》

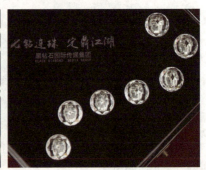

黑钻石文创实验室产品

如今，导演商学院已经从最初的每一期七八名文创学员，发展到如今每一期五六十位导演爱好者。有一些学员刚来学习的时候，只是一名剪辑师，如今已经率领十几个伙伴，在当地成立了赫赫有名的影视公司，有些学员甚至在上完课后跨行进入文创领域，发挥自己的才能。

也许成立初衷很"天真"，但是细细想来，导演商学院的成功除了社会巨大的人才需求外，还和我国当前的国家政策、物质基础和人文素养相契合。

每一个企业其实都应该有自己的培训板块，用来增强企业的"软实力"。待培训板块做到一定程度后，把它上升到"商学院"的高度，建立一个社会化的培训体系，这样我们倡导的企业理念就可以向社会输出，这对企业的品牌建设、长远发展是非常有意义的。黑钻石的导演商学院正是如此，相信它也会成为文创企业区域性发展和全面性发展的一个平台，让我们共同期待吧！

文创是一种创造、一种商业、一种态度、一种文化、一种生活方式，只有改变对文创的认识，我们才能成为真正的文创人。

导演的阵地在哪里

未来—城市—政府部门—资源能力
城市宣传片 电影 展览 城市活动 论坛
机会少 投入高 风险高 收益高

现在—企业—企划部门—教育能力
企业活动 企业文化打造 衍生品 品牌故事
机会多 投入低 风险低 收益高

过去—媒体—主流媒体—传播能力
应用类产品 场地运营 付费内容 游戏开发 栏目
机会多 投入高 风险高 收益低

一个思路清晰的文创人要做的是成功利用有限的文化资源创造出价值无限的文化商品。要想做到这一点，就要找准文化商业阵地。

何谓商业阵地？通俗来讲，它是一个能够把文化资源转化成文化商品的地方，可以是实实在在的某个地方，也可以是一个平台、一种媒体。一旦文化与其相结合，就可以被大众熟知、购买，从而把文化这种看似"虚无缥缈"的东西转化成实实在在的盈利点。

那么，导演的阵地在哪里呢？

1. 过去，文化商业阵地在媒体

事实上，任何一个产业的崛起和发展都与资源的配置和开发密切相关。在过去，物质没有现在丰富，人们获取消息的渠道也比较单一，大多数依赖传统媒体。于是，我们的文化产品只需在媒体，比如报纸、电视上打打广告，便能实现消费者全覆盖，转化成商品被大众购买，从而也就完成了文化和商业之间的转化。

然而步入互联网信息时代，我们迎来了"全媒体"时代 ❶，"全媒体"时代最明显的特点就是信息海量化、碎片化及传播多渠道、个性化。在这种情形下，由于新媒体分散了主要依赖于传统传播手段的媒体的大量信息源和传播渠道，媒体在当今受众中的传播力、影响力和吸引力已经大大降低，对很多企业来说，在媒体打广告已经无法取得预期的"广而告之"的效果。

如今，也仅有一些应用类产品、场地运营、游戏等还借助这个平台展开部分宣传。但是不可否认，主流媒体受众面依然很广，还有很多机会，只是投入高，风险也高，收益却在降低。

2. 现在，最"接地气"的文化商业阵地在企业

过去的文化商业阵地已经开始"退化"，未来对于我们来说似乎又有点"遥不可及"，那么现在我们马上就能抓住的文化商业阵地在企业！

企业的文化服务一般来说体量比较小，所涉及的往往是企业活动、企业文化打造、衍生品、品牌故事等，并不需要过高投入，也比较容易操作，风险低，而收益却相对较高。

---

❶ "全媒体"时代：清华大学新闻与传播学院教授彭兰提出的一个概念。全媒体是指一种业务运作的整体模式与策略，即运用所有媒体手段和平台来构建大的报道体系。她强调，从总体上看，全媒体不再是单落点、单形态、单平台的，而是在多平台上进行多落点、多形态的传播。

然而，企业文化商业阵地的进入有着一定的门槛，它考验的是企划部门的企划能力和教育能力。

我们都知道，企业的服务更多拼的是创意。这就要求企划部门除了有过硬的技术水平外，还有强大的"头脑"，能够别出心裁，脱颖而出；同时企划部门还需要具备足够的"教育能力"，能够取得企业的信任。也唯有如此，企划部门的文创服务才能凸显价值，获得回报。

3. 未来，最重要的文化商业阵地在城市

"腹有诗书气自华"。一个人拥有了丰富深厚的文化内涵，内在的优雅气质就会让人表现出自信、积极向上的精神面貌；一座城市也不例外，必须要有独特的文化，积极创造新时代的文化，不断增加城市文化积蓄的深度、厚度与广度，才能在"城市之林"中脱颖而出。毋庸置疑，文化已经跃升成为衡量城市发展与城市文明程度的重要标尺。每个城市都非常重视文化建设，都在进行城市文化运营。城市也将成为文化服务的最大买家。

当然，城市文化运营是一项庞大的系统化工程，往往由政府部门牵头，比如城市宣传片、电影、展览、城市活动、论坛等（这些也都可以成为我们未来的发展方向），但是机会却相对较少，所需要的投入和风险也相对较高，考验的是对接企业的实力和能力，往往由实力雄厚、资源丰富的"寡头"接手，但是只要我们成为整个城市文化运营链条当中的一环，便可获得丰厚的回报。

也许我们现在无法取得进入城市文化运营的"资质"，但是一定要早一点布局，在城市文化运营中为自己赢得一个舞台。

这三个阵地的演变代表了文创事业发展历程，更重要的是企业要在找对方向的同时，能够审视自我、突破自我，琢磨出切实可行的发展方案，让文创事业更有市场，更有意义。

CULTURAL AND EDUCATIONAL UNDERTAKINGS

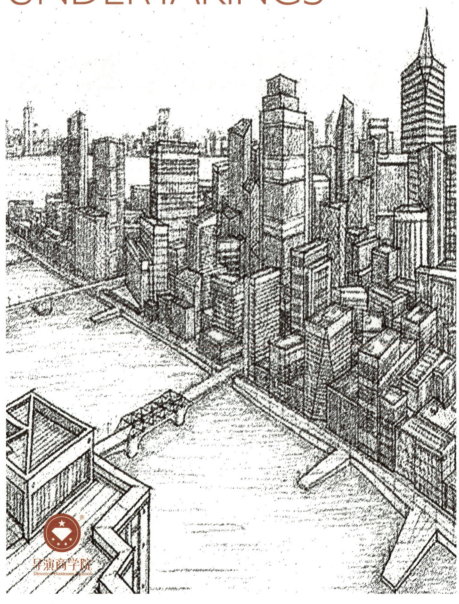

文创人的特质

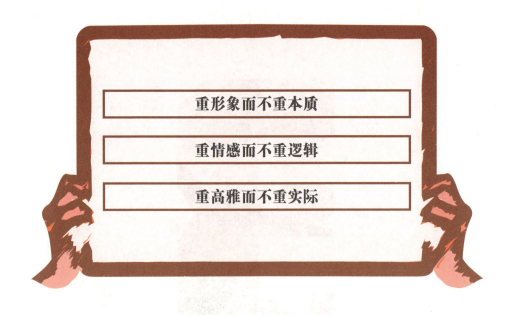

重形象而不重本质

重情感而不重逻辑

重高雅而不重实际

　　农人以耕田为生，军人以保家卫国为生，文创人顾名思义，以文化创意服务为生，根植于文化，服务于企业、社会。所以文创人除了是商人外，也是"文人"，是艺术家，也必然存在着自身的特质。但是一些文创人身上也存在一些问题，概括来说有以下三点。

1. 重形象而不重本质

文创是一种艺术行为，艺术讲究的是形式美、内容美，也只有实现了这二者的统一，"作品"才不是被高高挂起的"阳春白雪"，才能被大众所熟知和接受。

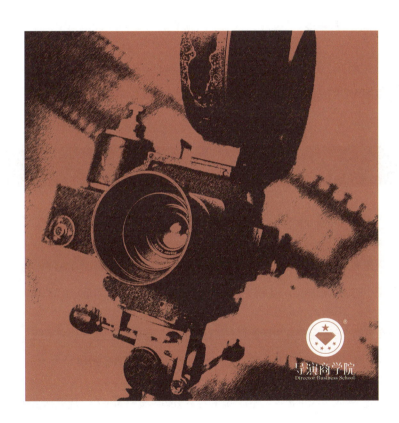

文创人往往只重视形式美，而忽视了内容美，也就是重形象而不重本质。

以最常见的文创产品——电影为例。

现在的电影市场空前火爆，影视行业可能是近几年发展速度极快的行业之一。然而伴随大量电影产品而来的是数量巨大的屏幕"垃圾"，形式上的东西很多，一个又一个"奥运会开幕式"被不断地搬上大屏幕。比如《三生三世十里桃花》拥有超级美颜与流量，却是口碑与票房双失利。甚至一些大导演也难免马失前蹄。而像《一代宗师》《有话好好说》《少年派的奇幻漂流》《战狼Ⅱ》等有人物、有生活、有思想、有价值的经典电影，无一例外都是从事物最本质的地方开始诠释它外在的形象，所谓的特效、大场面也只是使作品表现得更为精彩的一种手段。

大才朴实无华，小才华而不实。文创产品呈现的本质上应是最原始、最精华、最简单，也最直指人心的东西，高境界、广流传的作品必然是以它为起点的。

2. 重情感而不重逻辑

我们都需要思考商业和艺术之间平衡的问题。

文创人是商人也是艺术家。艺术家往往是非常感性的，一颗细腻敏感的心往往能够捕捉到各种细小的情绪和情感，但是过于重感情，靠直觉判断，就可能忽视逻辑。

为什么有的文创产品做完之后很难应用到商业上，甚至和商业风马牛不相及呢？因为商业非常讲究逻辑，各种成功的商业模式实质上就是符合发展规律的逻辑。

文创需要情感和逻辑的结合，情感能够迸发出簇簇灵感的火花，而逻辑则能让你更加合理地"表达"，从而真正实现文化与商业的融合。

3. 重高雅而不重实际

相信大家对"水中贵族百岁山"这句话耳熟能详。虽然广告语非常成功，但其广告拍摄得过于抽象和高雅，导致广告播出之后，观众纷纷表示广告画面唯美，格调雅致，但是看不懂广告讲述的故事情节。于是，百岁山又不得不发布大量通稿，靠媒体宣传解释广告的内涵。观众看完之后才明白，原来广告里讲述的是大数学家笛卡尔和克莉丝汀公主凄美的爱情故事。

为什么会这样呢？因为一些文创人往往重高雅而不重实际，创作出来的产品就会曲高和寡，晦涩难懂。

内容是最实在、最具体、最形象的。如果想把商业和文创结合在一起的话，就要注意实际应用，仔细品读最基础的内容。

文创人的发展是长久而充满未知的。如果能够很好地解决上面三个问题，切实做到"形"与"质"、"情"与"理"、"雅"与"实"相融合，就拥有了成就高水准商业模式的前提。

▲ 图源 马强导演在路演兵法平台授课

文创产业特点与要求

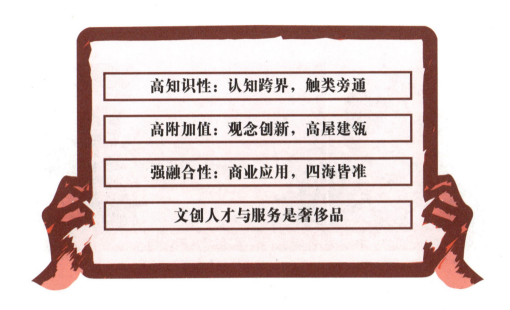

高知识性：认知跨界，触类旁通

高附加值：观念创新，高屋建瓴

强融合性：商业应用，四海皆准

文创人才与服务是奢侈品

当我们对自身有了足够的认识时，也应该意识到人生是一个认识自己、认识世界的过程，更是一个"内外兼修"的过程。那么，何为世界？对于商海沉浮的人来讲世界就是产业。

商业的海洋并不像碧波涟漪的西子湖，它时而平静如镜，时而浪花飞溅，时而巨浪滔天……纵然花样再多，每个行业也有着其特点和要求，文创产业亦是如此。

1. 高知识性：认知跨界，触类旁通

对于很多文创人来说，文创是工作，更是一种多方位的能力展示。因为没有哪一个文创人是仅仅专注或局限于某一领域的，文创人一般都是跨界人才。

文创形式变现商业人情世故，虽为文创，但与多行业交融。

▲ 图源 丰台《变革》花絮　　　　　　　▲ 图源《我的路演》花絮

以黑钻石团队为例。无论是做管理、制片、导演，还是做剪辑、音效，或者是路演、投资等，都要对服务的对象做各方面理解，包括产品技术、企业文化、使命愿景、设计美感、行业影响力、娱乐性，乃至人情世故。需要认知跨界，触类旁通。比如文创人要为一个品牌做创作，就要了解掌握产业相关文化以及趋势；为一个城市做文创，就要充分掌握城市的历史、熟悉那里的人……表面上看文创人好像只是在做文创，但实际上已经和非常多的传统行业、互联网行业、智能制造业等"相互交融"了。

所以，做文创产业的人员要有高知识性，有充足的知识积累。

2. 高附加值：观念创新，高屋建瓴

文创可以是一栋让人大跌眼镜却又抑制不住惊叹的建筑；可以是一个美丽却又充满细腻情怀的手工作品，摆在桌前、戴在手腕上或者别在腰间；可以是一场创意互动，给大众带来前所未有的身心体验……

这个时代从不缺少用文化艺术结合创意来给人们带来惊喜的行为，而它所创造的商业价值也正在被越来越多的人认识和追求。一言以蔽之，文创产业的高附加值特性使其位居产业价值链的高端位置，发展前景也为人们所看好。但是，文创企业不同于一般的实业，除了技术、艺术外，能否拔得头筹，更取决于其创造观念的能力。比如，同样创作宣传片，有的人收费十万元，有的人收费百万元，区别到底是什么？观念！

文创人必须具备创造观念的能力。笔者有一位要好的厨师朋友，一次我们聊天，他给我描述了许多美味的食物，希望能吸引到我，但偏偏我不是一个爱吃的人，他显得很无奈。我说："如果有一道菜，里面有故事，那我会很想听下去。"他眼睛一亮，说："我有一道菜叫油炸小黄鱼，原本这个菜点单率很低，但它确实很好吃，我就琢磨怎么提升点单率。后来我发现，这个小黄鱼每次需要油炸的时间在 80 秒左右，我就把菜的名字改为 88 秒小黄鱼，光是改了一个名字，点单率瞬间提升，至少是平时的 5 倍。"这个名字让人一听就感觉到厨师对这道菜的精细把控和对食材的充分理解。这就是好观念的价值。当我们给一道菜赋予了一个"88 秒炸出来最好吃"的观念，这道菜的价值也就明显提高了。

▲ 图源 88秒小黄鱼

黑钻石将传统的宣传片升级为路演片、文化片、价值片等类型，从观念上升华影片价值与内容。这也使得黑钻石迅速占领细分市场，提升品牌知名度。所以创造观念的能力几乎是文创人能否在文创过程中脱颖而出的最重要因素。

3. 强融合性：商业应用，四海皆准

文化产业几乎可以和所有的产业结合起来，比如一些传统的生产型企业想要把其历史、品牌、价值上升到文化层面，就要结合文创。

2017 年 3 月，国务院发布《国务院办公厅关于进一步激发社会领域投资活力的意见》，其中第六条明文指出："指导和鼓励文化文物单位与社会力量深度合作，推动文化创意产品开发，通过知识产权入股等方式投资设立企业，总结推广经验，适时扩大试点。"这可以推断国家从政策上越来越鼓励在整个经济市场里推动工业文化发展，各层面都开始注重打造品牌文化。工业文化是伴随着工业进程形成的，站在国家角度，工业文化包括文明内对工业的认识和行为规范、劳务意识与行业规范、法律意识与行为规范、环境生态意识与文化理解等方面。而其中，工业文化要求在文明内形成群众对工业的认知引导，文化宣传与输出是工业文化的重要组成部分，这就使得文创企业与其他行业的融合更加通畅，更加高频，其商业应用前景非常好。

文创产业高知识性、高附加值、强融合性的三大特点注定了文创人才与服务是一种奢侈品。

然而要想成为奢侈品被大众熟知、喜爱和购买，你需要做的是先把自己打造成导演型人才，让自己成为奢侈品，唯有你自己成为了"奢侈品"，才有机会服务更加高端的客户，获取更大的发展平台。归根结底是要把导演能力应用在商业领域里。商业就需要有号召力，有热度，有影响力，所以导演能力的商业运用就像一团熊熊燃烧的火，创造无限的光明和热量。

那么，大火过后留下的灰烬是否就再无用途？当然不是。商业运用得出结果、创造出价值的同时，导演自身的经验积累也就成了沉淀下来的价值。这些灰烬成了营养丰富的沃土反哺导演成长，甚至更新丰富原有的思想以及认知，并锻造出更超群的导演能力。

成长之金承载认知之水，导演之木点燃商业之火，认知之水养育导演之木，商业之火沉淀价值之土，价值之土反哺成长之金。这五个方面就如同"金水木火土"五行一般，相生但不相克。

那么我们就正式开始踏上成长之路吧！

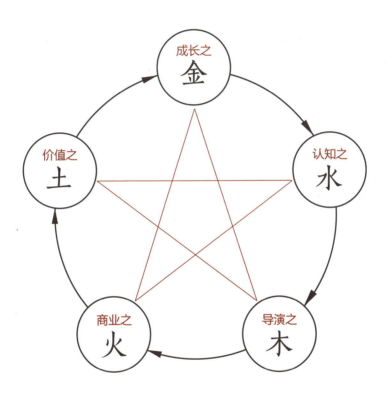

序章心得

也许，

你喜欢的是那个衣袖飘飘、丝竹管弦、流觞曲水、

饮酒赋诗的宁静的江湖；

或是长亭古道、夕阳关外、大漠黄沙、苍松峻岭、策马高歌的恢宏的江湖。

但我们最想要的是我们心中的那个江湖！

每一个人都有一个江湖梦，

每一个领域都是一个江湖，

而你的每一个作为也都在"行走江湖"，

"江湖路"是你自己一步一步"修炼"出来的。

成长篇

——这也是一个江湖

〖成长篇之批语〗

天下风云出我辈，一入江湖岁月催。
皇图霸业谈笑中，不胜人生一场醉。

——《笑傲江湖Ⅱ：东方不败》

令狐冲特质

初学者混乱

——认知需化繁为简

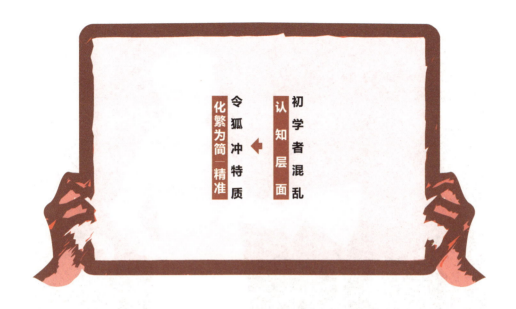

初学者混乱

认知层面

令狐冲特质 ← 化繁为简—精准

令狐冲一生但求逍遥自在，笑傲江湖，羡煞了多少人！其中有一个场景相信武侠迷们一定印象深刻。

令狐冲学会独孤九剑，和冲虚道长切磋，面对冲虚道长眼花缭乱、几乎毫无破绽的剑阵，整套独孤九剑都用完了，却还是无法破解。最后他随随便便一剑刺过去却破了剑阵。从此，他顿悟"无招胜有招"，武功大进。

想要"笑傲江湖"并不简单，至少令狐冲身上有一个特质非常值得我们学习，那就是能够化繁为简。

导演需要对事物
有精准的认知

我们都有这样的体会，当我们刚刚进入一个领域，成为初学者时（其实我们每个人都是初学者，只是处于不同层面而已），似乎什么都想学，什么都要学，但又不知道从哪里开始学，往往很容易就陷入混乱的状态。这时应该怎么做？从化繁为简开始，先做好一件简单的事，先对一件事有足够的认知，而这也是极好的开始。

认知是成就事业的基础。

认知能力在武侠世界里相当于内功心法，而技法技能则相当于武功招式。要想成为武林高手，则要做到内功深厚，当内功足够深厚时，招式也就没有那么重要了，因为最终会"无招胜有招"。而当我们的认知足够精准，达到巅峰时，就可以开宗立派，变成创立者，比如王重阳、黄药师、郭襄等。

同理，作为文创行业的导演，要想开宗立派，在文创江湖中拥有一方势力，认知特别重要。因为只有我们对自己从事的行业、服务的客户有更清晰、更敏锐的认知，才可能解决有关职业生涯的问题，并制定关于职业生涯的决策。

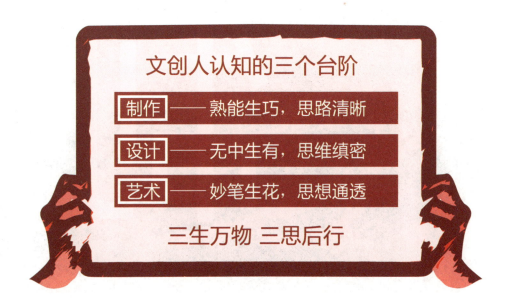

文创人认知的三个台阶

制作	—— 熟能生巧，思路清晰
设计	—— 无中生有，思维缜密
艺术	—— 妙笔生花，思想通透

三生万物 三思后行

　　比如，我们研究自己的客户，通过认知找到了哪些东西能让他感兴趣，哪些东西能给他带来效益，哪些东西是他需要的，切实掌握了客户的需求（修炼内功），然后针对他的需求进行创作（展示武功招式），就能够缩小寻找信息的范围，节约时间和精力，同时也更能够抓住客户的心。

　　文创是一个"创作"的过程，要做什么，怎么做，需要做到什么程度，都需要精准把握，其过程通常涉及三个要素：制作、设计和艺术。当然，你不必所有的事情都亲力亲为，就像影视导演拥有自己的制作团队一样，你也可以让自己的文创团队来分担部分工作。所以，在构建自己的文创团队时，对于文创人才你也需要有精准的认知。

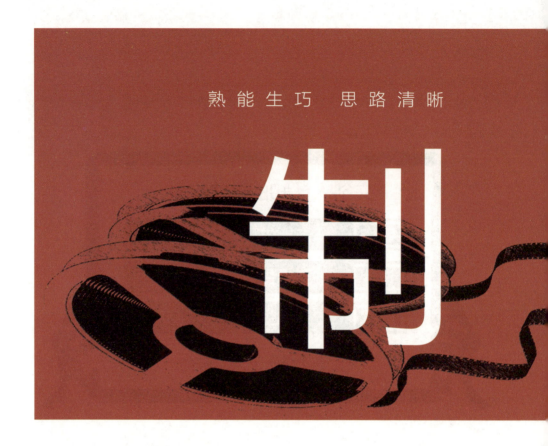

熟 能 生 巧　思 路 清 晰

制

1. 制作——熟能生巧，思路清晰

　　先让我们来看看"制作"这两个字。"制"左边开头是一个"牛"，"牛"下面铺了一个"巾"，旁边放了一把"刀"，这个情景不禁让人想到庖丁解牛，而庖丁则是因为反复实践，熟能生巧，做事也就自然得心应手，运用自如。所以，对制作人员来说最为重要的是"熟"，对软件熟，对技巧熟，"熟"了之后自然就达到"巧"的境界了。

　　可惜，很多人对制作存在认知偏差。笔者曾听到过不少这样的话，"做片子多简单啊，把需要的东西拿过来合在一起不就行了！"真是这样吗？非也！

VIDEO
& PRODUCTION

作

导演商学院
Director Business School

　　也许，视频制作确实是将视频、照片、声音、音乐等各种素材整合到一起，但是这个过程却涉及构思、策划、摄影、剪辑、合成、导出等环节，每一个环节都对制作人员有着非常高的要求，需要他们对每一个环节都能够手到擒来、游刃有余。另外，每个环节环环相扣，相互影响，这也要求他们具备非常清晰的思路，朗若列眉、成竹在胸。也唯有如此，才能出好片，出"大片"。

　　所以，在招募制作人员时，一定要重"技术"，重"逻辑"，这样你的整个制作环节才会"有力"、流畅，真正彰显出文创作品的"技术力"。

无中生有　思维缜密

设

2. 设计——无中生有，思维缜密

　　何为设计？有人认为最重要的是了解客户的企业规划，有人认为是软件的开发，有人认为是一种审美能力……这些认知都没有错，因为这里说的设计不仅仅是平时所理解的平面设计、服装设计、软件设计等，它是一个非常宽泛的概念，是把一种设想通过合理的规划、周密的计划，以各种感觉形式传达出来的过程。

　　那么，设计都需要哪些特质？我们可以从"设计"的字面意思来进行解读。

　　整体来看"设计"二字，我们会发现两个字的右半边分别是"没有"的"没"右半边和一个"十"字，是一个从无到有的过程，也就是说设计是凭借创意创造出一些没有的东

DESIGN

计

西的能力。确实，如果你"设计"出来的东西都只是对"原来"的一种修缮，那么这不是设计，只是制作。

此外，"设计"二字组合还具有一个共同点，它们的偏旁都为"言"字。"言"指"对话"，暗示着设计是一门沟通的艺术，需要有非常好的表达能力。设计从沟通开始，设计阐述尤为重要。比如，你设计了一个 LOGO（商标），却无法用言语表达，哪怕 LOGO 图案再精美，客户无法理解到其中的精妙之处，都是没有价值的。

"设"是设想、构思的意思，引申出创意的概念，是感性构思的过程；"计"是计算、规划的意思，引申出精准的概念，是理性分析的过程。所以设计需要创意与分析有效结合。也唯有如此，最后设计出来的作品才具有高水平，且能经住时间考验，真正显示出作品的"艺术力"。

妙 笔 生 花　思 想 通 透

艺

3. 艺术——妙笔生花，思想通透

　　其实设计与艺术并不相同，艺术是艺术家情感的表达，设计只是艺术与现实的结合，而艺术已经上升到了一个更高的层面。

　　为什么有人叫艺术家，有人叫艺人，区别到底在哪里？当下的市场环境可以轻松捧红一位艺人，而一个人要成为艺术家却需要很长时间的文化积淀，演技提升，以及各方面精益求精，他们是演员，但更是影视作品的灵魂。依此观照演艺界，高下立判，我们便明白为什么有些"著名艺人"，没红几年就被人们淡忘；为什么有些人民艺术家的作品能流芳百世。

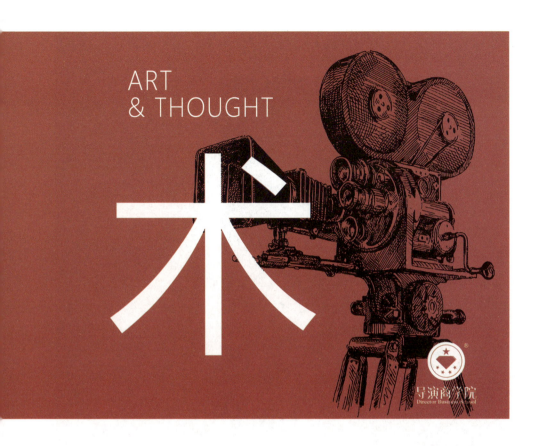

ART
& THOUGHT

术

导演商学院
Director Business School

　　另外，从"艺术"两个字中也可以发现其内在"乾坤"。简体的"艺"是"艹"加一个"乙"字，整体看来仿佛一丛植物顶着"压力"顽强生长——艺术是优雅而执着的。"术"，从"十"从"八"从"丶"，十八般武艺一点通，有"百尺竿头更进一步"之意。所以，艺术并不是我们曾经认为的才艺和技术的统称，它已经演化成为一种关于美、思想、境界的术语，这也决定了想要成为一个艺术家，需具备妙笔生花的能力和思想通透的灵魂。

　　有人说，文学影视是拨弄灵魂的艺术，如果文学影视的创作能够破解更高思维空间的文化密码，那它就能够启迪人的觉悟，震撼人的灵魂，这就是众生所需。其实对整个文创行业来说也是如此，将文创上升到艺术的层面它才真正具备"生命力"。

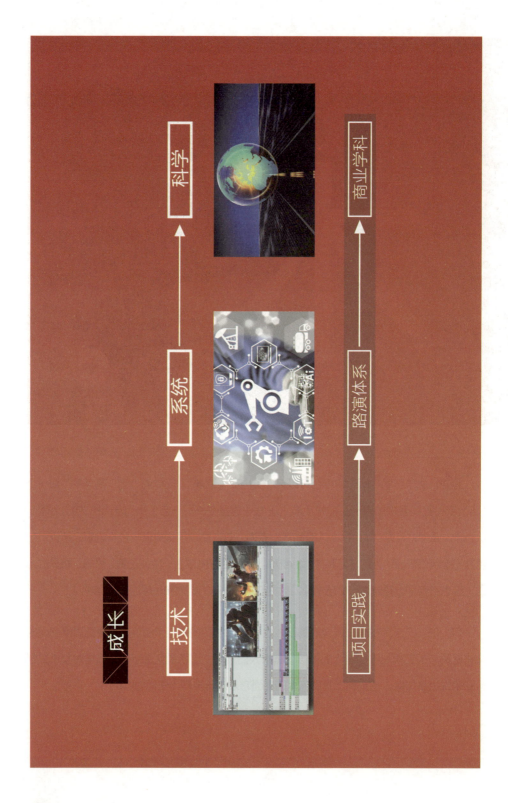

成长

技术 → 系统 → 科学

项目实践 → 路演体系 → 商业学科

制作、设计、艺术就是我们认知的三个层次！

当我们的认知从"制作"层面的熟练不断上升时，就可以生"巧"、生"有"、生"花"，然后生思路、思维、思想……从而达到"三生万物"。随着认知提升，我们必然也会"三思后行"，行有所思，思有所果，对自身发展的规划也将越来越缜密和完整，所获得的发展空间必然也更加广阔。而黑钻石的成长也正是基于这样的认知和行事逻辑。

黑钻石的成长过程就是一个从技术到系统到科学的过程。黑钻石通过项目实践不断地积累经验、练习技术，让自己在技术方面成为行业翘楚；积极部署黑钻石路演体系，创造了《路演兵法》《路演英雄》，衍生出了黑钻石自己的愿景篇、价值篇，形成了黑钻石思想体系；之后，创立导演商学院，将黑钻石的整体发展及思想体系落地成一个商业学科，传播黑钻石思想和路演精神，成为了领袖型企业。

我们应当认真审视一下自己到底认知到哪个层面。

既然认知如此重要，那我们如何才能获得更深的认知？

思考！深度思考！持续不断地深度思考！

思考和坚持是获得认知的基础

创意	价值	合作
团队	能量	财富
满足	幸福	饥饿

在导演商学院培训课上，笔者都会给学员留这样一道作业题：请认真思考一下什么是"创意""价值""合作""团队""能量""财富""满足""幸福""饥饿"。这九个词是笔者从很多词里精心挑选出来的。为什么要留这样的作业？源于笔者亲身经历的一件事。

很久以前，笔者曾为一家瑜伽企业创作影片。做这个片子的时候，笔者用了一周多的时间完成了拍摄和剪辑，对成片效果也非常满意。可是作为创作人最担心的就是甲方不认可，笔者当时就思考如何能让影片真正发挥出它应该有的价值体现，是否还有其他的方式能深度为企业提升价值。

笔者几乎是下意识地拿起电话，打给甲方说："任总，您企业的影片我剪完了，特别好！"说完特别好，笔者脑中突然冒出一个想法，接着说道："但是，这么好的片子，如果只是简单地刻个光盘给客户的话，太可惜了。我们有没有可能再次合作，在片子的基础上做一个好一点的活动，比如首映礼？这对我们的招生、招商都可以起到宣传作用。"事实证明，企业家真正关心的就是结果，影片链接到活动后，其价值也就可以发挥得淋漓尽致。任总接受了这个提议，把片子的首映式搬上了一个大型的品牌活动现场。

笔者没想到首映式会那么成功，瑜伽馆的数百名员工共同见证了企业的成长，有人欣喜，有人自豪，有人欢呼，甚至有人感动得热泪盈眶，任总更是泣不成声。那时笔者突然意识到，这部影片不仅让自己看到了黑钻石团队的能量，更让自己看到了影片传递出的对企业团队来说涤荡人心、同舟共济的能量，而整个团队上下一心绝对是企业的一笔巨大财富。此时在场的每一个人内心都是激动而满足的。任总说："我经营企业三年了，今天是做企业之后最幸福的一天。"

那天的效果也出人意料地好，而后这种品牌活动持续开展，任总原本计划的企业发展目标，不到两年的时间就达到了。

这件事情也刺激了笔者的"深度思考"。首映式的路演非常重要，它不仅仅诠释影片本身的价值，而且宣传整个企业的价值，不再是影片的播放，而是企业价值的释放，而笔者也不仅仅做一部影片，开始接触到更广义的导演价值。

所以笔者让大家认真深度思考这九个词，希望这九个词能够"刺激"大家不断加深对导演的认知。

思考和坚持是获得认知的基础。

麻木地坚持，十年如一日；创新地顿悟，一日如十年。

在任何行业，要想出人头地，都需要一个积累的过程，只要有一丝犹豫、放弃，只要在发展的时候不再进一步思索、领悟、创新和部署，我们都不可能看到最后的胜利。文创事业也是如此，虽然行业不同，但是行业变化、节奏都是一样的，文创事业也要经历初识、爬升、深造、蝶变四个阶段。

第四阶段：蝶变
——十年一觉
10年 | 享受梦想、相信未来

第三阶段：深造
——突破舒适圈
5～7年 | 全面接触、思考未来

第二阶段：爬升
——职业素养的养成
3～5年 | 技术定型、前途未卜

第一阶段：初识
——行业认知的种子
1～2年 | 痛并快乐、如同初恋

1. 第一阶段：初识——行业认知的种子

刚开始工作 1 ~ 2 年是我们职业生涯极为艰难的两年，对行业认知的偏差，对岗位适应的过程，对人际关系的懵懂等，都刺激着我们不断地学习新东西。虽然那时很累，却也觉得特别充实，而那种感觉就像初恋一样，痛并快乐着。这也是很多人历经职场沉浮后往往特别怀念这一阶段的原因。

2. 第二阶段：爬升——职业素养的养成

工作 3 ~ 5 年时，我们的能力有所提高，经验有所积累，技术层面的东西基本已经定型，我们开始学着认识组织文化、组织内情，职业性格特征开始展现，开始认识到哪些是自己擅长的，哪些是自己的不足，并已经进入了职业素养的养成阶段。但是由于我们还年轻，身边还有着很多的诱惑，不知道这条路到底能不能养家糊口或者能否支撑这辈子的梦想，前途未卜。不管怎样，这个阶段非常关键，3 ~ 5 年内务必要养成十分良好的职业素养，它绝对可以影响人的一生。

3. 第三阶段：深造——突破舒适圈

工作 5 ~ 7 年时，随着时间沉淀、经验积累，我们对自己的工作内容、工作范围已经有了全面接触，非常熟练，很多情况下都能够应对自如，往往身居要位，自然也就过得比较舒适。但是总会有那么几次，你被一脚踢出了舒适圈，比如环境、人员、工作内容的变动等。我们不得不开始思考如何拥有更广的视野、更高的平台、更优质的客户；如果对现有的职业不满意，如何重新定位职业方向；如何开始在职业外探索和投资自己的事业……这个阶段需要在稳定中不断上升，也需要不断逼迫自己跨越障碍。

4. 第四阶段：蝶变——十年一觉

到第十年的时候，无论你的事业是否有起色，你都已经在这个行业里专注了十年，坚持了十年，努力了十年，甚至是挫折了十年，这才是最宝贵的财富。它伴随着你的深度思考与优化，掌控力不断强化，心智成熟，抗打击能力提升，这种成长才是我们真正想要的人生体验。至少笔者觉得文创人是会如此思考的。我们所要追求的是自我价值的实现，需要整合过去积累的能力和资源，投入到自己的事业和梦想中。

以上四个阶段也可以用一张"成长规律图"来总结。

行业人才的成长规律是从技术到系统到科学的过程，而每个过程都是一个时间量化的过程，这好比"一万小时定律"❶，想要达到不同的阶段，必然需要付出不同的时间。

另外，这个成长规律并不是斜线式上升，而是呈台阶式上升。斜线式上升意味着你每天都能看到自己的变化，但现实往往并非如此。你可能工作了一年、两年，甚至三五年依然看不到自己的变化，可突然就在某个阶段出现了一个"拐点"，猛然间你就升级了：工

---

❶ 一万小时定律是作家格拉德威尔在《异类》一书中指出的定律。"人们眼中的天才之所以卓越非凡，并非天资超人一等，而是付出了持续不断的努力。一万小时的锤炼是任何人从平凡变成世界级大师的必要条件。"

人生成长七层次
由事至业

圣　通达

家　信念

师　规律

匠　精通

工　规矩

徒　听从

奴　被迫

作不再吃力，有了自己的方法，思路更加清晰完善……其实这才是真正的成长规律，成长是一个台阶一个台阶上升的过程。所以，当我们看不到自己的变化时，一定要坚定地告诉自己：我可能还在这个台阶上面，"拐点"肯定就在前面不远的地方。

与职业成长阶段相对应的，是我们人生成长的七个层次：奴、徒、工、匠、师、家、圣。

"奴"，被迫工作，被迫学习，被迫创业，没有自己的人生。

"徒"，选择了某一个行业，开始学习，但是一味地听从，还没有形成自己的思想。

"工"，知道做事的一些规矩，知道该做什么，不该做什么，但是太过规矩，没有自己的意识主张。

"匠"，对掌控的事物足够精通，愿意把它做到精致、极致。

"师"，拥有一通百通的能力，能够从体验当中总结出事物发展规律，并将其分享给众人。

"家"，除了能够总结出规律，还有着足够的信念，可以成为"一派宗师"。

"圣"，有了"洞明天下心纵横"的境界，天下没有你看不透、参不透的，反之你也可以超脱天下看问题。

成功就是以自己选择的方式实现人生价值。大多数时候，为我们做出"选择"的是我们的认知。学习并正确提高自己的认知水平，可以让我们摆脱混乱的局面，提升能力，改善对职业、对企业、对社会、对人生的理解，从而让自己更好地达到一个全新的高度，实现人生价值。

韦小宝观念

工作者贪多

——商业需由简及易

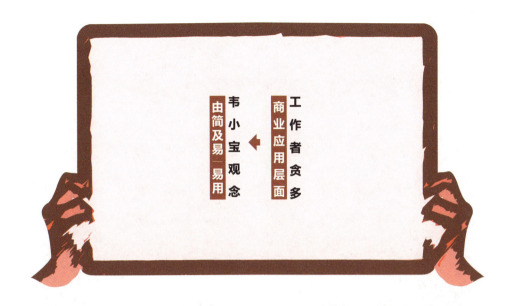

工作者贪多
商业应用层面
韦小宝观念
由简及易—易用

如果第一个成长阶段是令狐冲式的化繁为简，那么第二个阶段则是韦小宝式的由简及易。

韦小宝相信大家都不陌生，他不但武功不高，还特别能偷懒，但韦小宝学会了什么功夫呢？如何下蒙汗药，如何撒谎，如何逃跑……他凭着这样的三脚猫功夫在江湖混得"有惊无险"，为什么？因为他的实用主义精神，他所学的东西简单易用。

其实在商业应用层面，我们就需要有韦小宝的这种实用主义精神。

用易用的方式呈现价值

一、十大经典项目

二、十大最具人文精神项目

三、十大最具商业价值项目

四、十大最具品牌创新经营项目

五、十大最具商业模式创新项目

六、五大被埋没价值项目

七、黑钻石十大经典花絮

八、黑钻石每月/每年新闻资讯

当我们刚刚摆脱了对职场"懵懂无知"的状态时，我们往往也就迎来了第一个职业瓶颈：似乎每天都很努力，似乎工作完成得非常出色，但是却无法被认可。那么问题出在哪里？就在于贪多，炫技。

所以，当我们懂得化繁为简以后，下一步就要懂得把简单的东西变得更加容易才行，也就是一定要"易用"。

黑钻石历经几年发展，已经积累了 1200 多部作品。当客户咨询、了解黑钻石时，我们无法把这么多的作品一一呈现，怎么办？我们想到了做影片合集。

于是，黑钻石做了第一个合集"十大经典项目"，精选了十个符合这个主题的项目，并在短短两分钟时间内将其呈现出来。成片出来之后，很多客户反馈说，他们的项目也非常不错，为什么就不能入选。为此似乎都有点"不高兴"了。顾客就是上帝，有需求自然应该满足，何况这也是黑钻石实力的展示，黑钻石很快推出了第二部影片合集——"十大最具人文精神项目"，纳入了十个也许不那么经典，但是人文色彩浓厚的项目。随着越来越多的客户希望成为"经典案例"得以展示，黑钻石又制作了第三部"十大最具商业价值项目"合集，第四部"十大最具品牌创新经营项目"合集，第五部"十大最具商业模式创新项目"合集，第六部"五大被埋没价值项目"，第七部"黑钻石十大经典花絮"。虽然黑钻石做了这么多，仍然无法满足所有客户希望在黑钻石平台上展示自己的愿望，于是黑钻石又推出了黑钻石每月 / 每年新闻资讯，以新闻资讯的形式来展现客户项目。

这种做法有什么巧妙的地方？大家都有看足球比赛的经历。足球直播的时候，很多人会全程观看，但是直播完了之后，已经很少有人再去全程观看回放了，因为结果已经出来，你想知道和了解的肯定是这个过程中最为精华的部分，而最为精彩和兴奋的莫过于那"临门一脚"及球场上一些不可思议的突发状况，于是我们经常会看的是"足坛十大经典进球""足坛十大感人瞬间""足坛十大黄油手"等精彩画面合集。这些截取的部分，你可能还会看很多遍，甚至下载收藏。

黑钻石作品合集短片

扫码观看视频
（时长 02：04）

不要忽略那些
没有技术含量的事情

越是没有技术含量
越需要付出更多的心力

这种行为出自本能。因为任何生物包括人类，在进化的漫长而残酷的战场当中，只要它想生存，就必须有一个本能——简化这个世界，从而让自己更快地关注有价值的部分，方便它们被记忆和传诵。而"十大""五大"之类的归纳则是将简化的内容以极易用的方式呈现出来。基于此，黑钻石做了以上这些项目，不需要你看完整的影片，就让你很容易领略到每部影片最经典的部分，真正做到由简及易。

很多时候，很多事情，越是没有技术含量越需要付出更多的心力。

黑钻石的网站每天都会有新闻发布。可是到了第二天这些新闻就变成了"旧闻"被"埋没"了，非常可惜。于是黑钻石设置了前面说的第八个"集锦"——黑钻石每月 / 每年新闻资讯，每个月把这个月发布的新闻重新回顾和梳理，将其编辑成一个小短片，到了年底也会重新回顾和梳理整年的新闻资讯，将其重新编辑成一个短片。

制作短片非常简单，可能很多人都会做。但是越是简单的东西，越需要用心。黑钻石需要精心设计小短片的容量，从海量的照片、镜头中精准挑选，再进行设计编排及简单的文字说明等。可以说，每一个环节都需一丝不苟，实实在在，不遗漏，不夸张。

也许很多人对黑钻石的做法不屑一顾，觉得这样做浪费时间和精力，更没有必要做到如此程度。但是对黑钻石的每一个人来说，这就是"基本功"，是"技术力"的展示。而黑钻石遇到的很多客户，其实根本不需要花里胡哨的东西，他们的要求大都是简单、实在，画面简洁，能够展现出自己想要展现的内容就行，有的时候甚至只是简简单单的"照片秀"就可以。

比如黑钻石的 2016 年全年新闻回顾，黑钻石有足够的技术能力把这部影片拍得非常"炫酷"。但是黑钻石没有这样做，而是选择了用极为朴实的"照片秀"的方式来回顾黑钻石这一年的成长。而这种十分简单朴素的做法，正符合黑钻石自身宣传的需求，它是黑钻石人最为真实的写照，也是黑钻石对客户最大的真诚。

但是有些文创人不明白这个道理，他们认为越是"与众不同"的，越是"艺术"的，就越是客户喜欢的，于是无法脚踏实地，只能疯狂"炫技"。

笔者曾在网上看到一则新闻。有一对新人结婚，找好朋友拍摄婚礼录像，结果拍完之后新娘将摄影师给告上了法庭，因为整个录像里都没有新娘的脸。摄影师拍得很"艺术"，从审美角度来看，构图和画面都很精致，画风也很唯美，但是他忘记了自己要服务的是新郎新娘，导致整个拍摄过程都成为了他的"炫技"。

所以，不要看不起那些没有技术含量的事情，这些事做好了才能修炼好自己的基本功，做好了也会是自己"美"的展示。

化繁为简是一种透过纷杂思绪精准看到本质的顿悟，由简及易是一种将所学所识切实落地的手段，这是职场人士成长必经的两个初级阶段，唯有打好了这两个基础，我们才能达到把工作变成乐趣的精神层次阶段。

2016年全年回顾片

扫码观看视频

（时长 04：35）

老顽童精神

创业者悲情
——创作需由易成趣

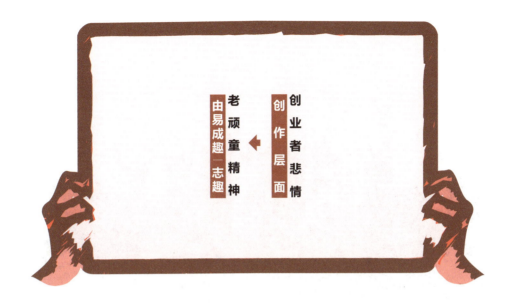

创业者悲情
创作层面

老顽童精神
由易成趣—志趣

武学的至高境界是挥洒自如，无招胜有招。在老顽童的眼里，武学绝非艰深、呆板、无趣的东西，而是好"玩"的、可爱的、活的东西。他习武，哪怕招数再简单，面对再恶劣的环境，他都抱着一颗"玩心"，乐在其中。也正是在这种"玩心"下，他才能参透诸多高深武功甚至在被困桃花岛时还能自创"空明拳"。

所以，老顽童的身上有一种非常值得我们学习的精神——由易成趣，当我们确实掌握了施展自身"技能"的方法后，便要将这份"技能"转化为乐趣，从而将其变为自己一生的志趣所在。

▲ 图源 《变革》花絮

　　相信对于很多投身文创行业的文创人来说，技术、能力是最基础的东西，是进入这个行业的门槛，他们内心真正渴望的是能够创作出令自己骄傲的作品。而乐趣是创作过程十分重要的部分，失去了乐趣创作就不再是创作，而是工作。

　　那么，我们如何从工作中获得乐趣，从而使文创工作成为自己一生的志趣呢？

1. 苦中作乐

　　老顽童一个人居于孤岛十五年，给他送饭的还是聋哑人。但是没关系，没人陪他，他就自己陪自己 "玩"，为此创作出了左右互搏术这种另类功夫，恍然一人分作两人，之后，他更是在练习了《九阴真经》之后，将实力再次提高了一个档次。

　　苦和逆境乃人生常态，苦中作乐好比用来调剂咖啡苦涩味道的方糖或咖啡伴侣，加入到咖啡中，甜味慢慢地冲淡了苦味，咖啡品尝起来自然也会别有一番风味。

2. 忙里偷闲

黑钻石的员工每天面对着众多的创作内容，"忙"很正常也很必要，但是也要懂得忙里偷闲。

有一次，黑钻石员工从北京开车去重庆，奔波了1800多公里。路过西安时，已经半夜了。一群人却突然兴起，非要去西安的回民街吃一顿。于是，他们改道驱车前往回民街。现在他们大多忘记了当时吃的是什么，但是无法忘记当时一桌人围坐在一起品尝美食那一刻的放松、喜悦和"暂停"旅途的悠闲、幸福。

我们可以忙里偷闲整理一下自己的作品合集，忙里偷闲回顾一下自己的成长经历，忙里偷闲分享一下自己的体会……

身在这个时代，"忙"不可避免，然而文创是事业也是创作，有时需要我们细细地品慢慢地懂，把自己逼得太紧有可能会适得其反。所以，哪怕是忙里偷闲泡一杯咖啡，随意翻阅一本喜欢的书，听一首悠扬的乐曲，都能让美好充溢你身上的每一个细胞，在悠闲的时光里恬静、自然，你会因此更加热爱自己的事业。

忙里偷闲甚至可以说是文创人的专属享受。

▲ 图源《盐道》拍摄花絮

2016 年过年时，笔者想按照习俗给公司的门上也贴上春联。当笔者安排人着手做这件事情时，企划部的人却说要自己创作一些春联。后来整个公司的人都活跃了起来，大家脑洞大开，很快不但创造出了新内容，而且为春联设计了精美的版式。

这些春联都非常有意思。比如"足寅"这一联，足寅是黑钻石路演的 LOGO：一词两意脚踏实地诠释路演精神，千言万语仰望星空演绎钻石传奇。

当时很多客户看到黑钻石的原创春联后，纷纷表示赞赏，并从黑钻石拿走了春联设计模板，把里面的文字内容一换，制成了自己的企业春联。

结果整个春节期间，因为春联，黑钻石没有停止"品牌营销"。不仅如此，大家更是乐在其中，除了创作春联外，还设计了"路演大侠"的牌子。如今这些都变成了黑钻石引以为傲的企业文化的一部分。

所以，对待工作，我们要懂得乐在其中，工作会别有一番滋味，心头也会别有一番憧憬。

▲ 图源 黑钻石团队春联创作

▲ 图源 黑钻石文创实验室作品

黑钻石
品牌创意海报

品牌设计师：赵铮

创于《变形金刚5》上映之日

创于2017年万圣节

创于迈克尔·杰克逊逝世8周年纪念日

创于北京持续暴雨期间

黑钻石
企业文化对联

上联：四海五州齐聚钻石殿堂
下联：六天七夜指引人生梦想
横批：导演商学院

上联：宏业奋群狼闻鸡起舞
下联：钻石唤诸雄逐鹿华夏
横批：路演中国

上联：专注价值　文化与品牌落地生根
下联：坚持创新　商业与艺术花开并蒂
横批：记载梦想　雕刻时光

上联：一词两意脚踏实地诠释路演精神
下联：千言万语仰望星空演绎钻石传奇
横批：足寅

上联：卢沟晓月见证商贾巨子将梦想付诸创业创新
下联：科技园区助推轨道航天从北京走向一带一路
横批：我的丰台

上联：一马当先　为世界路演中国力量
下联：金鸡报晓　让全球倾听东方声音
横批：黑钻石

上联：三日绘五图　立显英雄本色
下联：百场聚千人　方酬壮志初心
横批：路演大侠

上联：兵法吸纳万千项目铺平路演之路
下联：英雄汇集四海资源开启双创之门
横批：一带一路

4. 乐此不疲

我们为什么愿意看武侠小说？因为里面全是传奇——奇遇、奇人、奇事。而"黑钻石传奇"就是黑钻石挖掘客户传奇的每一个过程。

是什么支持着黑钻石员工乐此不疲地工作呢？是黑钻石宣言所展现出来的每个人心中的传奇梦。黑钻石员工在乐此不疲地制造着客户"传奇"，制造着"黑钻石传奇"，也在制造着自己的"传奇"。

我们要感受到文创的乐趣，以乐趣为动力，永不疲倦地朝着自己的梦想进发。

▲ 图源 黑钻石团队南戴河团建

黑钻石宣言

梦 想	我敢于梦想未来，更愿意把握现在
财富观	赚钱的行业有很多，但我选择为社会留下宝贵的精神财富
价值观	积极带来希望，分享是最好的学习
团 队	团队与家人是同一个含义，激情也会把汗水化为琼浆
创 意	全力以赴调度身心，实现所有的奇思妙想
身 份	我要创造商业价值，更要成为思想的驾驭者
产 品	创作没有灵魂的作品就是浪费生命
结 果	创造奇迹是我追求的唯一光荣
信 念	我愿为此恒心立誓
主 张	记载梦想，雕刻时光

5. 苦尽甘来

文学家们有一个共识：当人类自野蛮踏入文明世界的门槛时，就有了"相思"，有了回归大自然的永恒的"乡愁"冲动。在这份永恒的冲动中，寻找快乐是一个万古长青的话题。

然而，不是每一个"快乐的作为"都会有收获，但是，每一次收获都必须有"快乐的作为"。现在作为的，可能不一定马上会有收获和回报，但是都会以某种方式沉淀下来，将来在某个时刻、某个地方不经意间就决定了你的命运，最终"苦尽甘来"。

文创从来不是一件简单的事情，有的时候难免寂寞、悲苦，但是作为文创导演，我们要先化繁为简，再由简及易，要尊重那些简单的东西，然后由易成趣，在创作过程中，不断寻找一些"乐"，成就一生志趣。这些才是不断地鼓励我们往前走的一个一个小台阶。

张三丰境界

事业者逐利
——格局需化趣为道

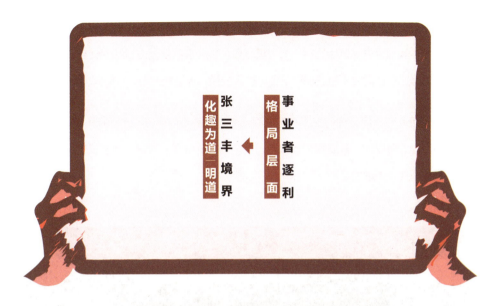

事业者逐利

格局层面

张三丰境界

化趣为道—明道

金庸小说里描写了很多人，但是最终开宗立派的也就那么几个人，张三丰是其中之一。而张三丰在金庸小说里的定位是：承前启后，继往开来，创辉耀千古的武当一派，并肩达摩老祖的创派人。

为何他会拥有如此高的地位？因为他达到了一种境界——化趣为道。

张三丰化繁为简地感悟到武学的"一脉相承"，以部分九阳神功为基础，创作阴阳兼济太极拳；又由简及易地将自己的武学修为在前人的基础上，进一步补充和创新；并由易成趣，将太极拳修炼成了自己的武功绝学，更为难得的是他开拓了新格局，把以上体验总结成了规律，开山立派，达到了"明道"的境界。

如果我们把武学当成事业，那么当我们拥有自己的武功绝学时，就很容易进入到"逐利"的阶段，我们会去找高手比拼，会考虑招收门徒，会在江湖立位从而让自己获得更多的利益，这好比企业需要不断击退竞争者，扩大规模，提高影响力，从而获得更多利润。

逐利无可厚非，但是我们在逐利的过程当中，是否可以像张三丰那样不断地"明道"和"传道"呢？可以的。只要我们放大自己的格局，从科学、哲学、神学三个角度去塑造价值、提炼精神、传递能量。

塑造价值	科学	怎么做	事业体系	练习实践
提炼精神	哲学	为什么做	价值体系	学会思考
传递能量	神学	人生的意义	人生体系	打开格局

1. 科学——塑造价值构建事业体系

黑钻石创立初期，对于当时的文创行业来说，不过是"九牛添一毛"。

然而，我们必须时刻明白企业和行业需要什么样的"品质"，你的核心竞争力是什么，你的品牌优势是什么，挖掘出企业的真正价值所在，并在反复实践中逐步构建和完善自身的事业体系。其实说白了这就是一个"怎么做"的过程，是企业发展和长存的基础，没有什么太大的技术含量，只要不断去实践、练习，自然就熟能生巧了。

2. 哲学——提炼精神创造价值体系

企业价值体系是企业在追求成功经营时所推崇的信念和行为准则，它是"为什么做"，是一个长期培育，逐步深入企业员工、每个领域的过程，往往通过企业的精髓口号和员工的行为方式表达出来。

所以，我们必须学会思考，从格局上对企业进行一次"大设计"，拥有独特的企业口号、宣言、明确的精神和一贯的行事准则，从而形成企业自身的价值体系，做到这一步也就是"明道"了。

3. 神学——传递能量打造人生体系

笔者希望能够用影像装点这个世界，用镜头传播大爱，用影片传递普世价值……

"狼行天下·雕刻人生。"基于黑钻石的成长，笔者也逐步实现着自己的人生价值：用自己的能力和努力，让黑钻石更加璀璨；用行动对这个时代的人文精神、商业精神、路演精神与导演精神做出精准诠释；用自己的努力让更多怀揣着梦想的文创人，有一个更好的环境、氛围去实现自己的畅想。如若真能做到这些，笔者也就死而无憾了。

《一代宗师》里有一句话，习武之人有三个阶段：见自己，见天地，见众生。而这三个阶段亦是人生体系的创建过程。

将自己的人生格局打开，明白"独乐乐不如众乐乐"，从而传递正能量，才算是"传道"，也算是真正实现了自己的人生价值。

习武之人有三个阶段：
见自己，见天地，见众生。
——《一代宗师》

　　从一个人的梦想到一群人的梦想，从一颗裸钻到一颗璀璨的钻石，从一个名字到一个行业的新图腾，黑钻石的成长是有规律的，是一个自我认知、融会贯通、海纳百川的过程。其实这也是我们人生成长的三个阶段，而与之对应的则是从令狐冲到韦小宝，从老顽童到张三丰的成长过程：初行者混乱，所以我们才需要令狐冲式的化繁为简的精准；工作者贪多，所以我们更需要韦小宝式的由简及易的易用；创业者悲情，所以我们需要老顽童式的由易成趣的志趣；最后，事业者逐利，所以我们需要张三丰式的化趣为道的明道。

钻石偈语

成长

初入江湖心茫然，

独孤九剑繁作简。

小宝率真难转易，

与人方便莫生贪。

悲戚不利过难关，

顽童好武趣无边。

太极阴阳善格物，

传道一生纳百川。

成长篇心得

导演，作为一部影片、一个活动的灵魂人物，

需要承载比其他角色更多的重量，

就像一棵承载了无数枝叶的良木，

是整个生态系统的主干，

他是整个文创行为的"集大成者"，

运用自己的职业素养和技能，

在曲折路径中拿捏发展方向，

从事物本源里寻找变化规律。

导演篇

——十年一觉电影梦

〖导演篇之批语〗

Mac* 之所以伟大，其中一个原因是创造它的是一群音乐家、诗人、艺术家、动物学家和历史学家，而他们恰恰还是世界上最好的计算机科学家。

——乔布斯

*Mac 是苹果公司的电脑产品。

造梦者

故事描述力
——会编剧

DIRECTION
& REGULARITY

导演是什么，我们如何来准确定义导演？

首先从字面上看"导演"这两个字，"导"是一个"巳"字加"寸"字，"巳"是"巳蛇"的"巳"，蛇蜿蜒盘旋，所以"巳"也意味着方向不明确，兜兜转转；"寸"就是分寸，所以"导"就是能够在蜿蜒曲折的路径中拿捏好分寸，把握好方向。"演"，三点水加一个"寅"字，水是万物之源，"寅"是万物发生变化的那一刻，所以"演"就是在不断变化当中，寻找到事物的本源。那么，"导演"二字合起来就是，在曲折路径中拿捏发展方向，从事物本源里寻找变化规律。

当然，想要做好一名导演，成就"导演"的"终极"意义，要具备的第一个能力就是会编剧，成为造梦者，并用一个好故事来呈现这个梦。

─╲ 导演先要是个会做梦的人 ╱─

在众多导演当中，笔者最佩服李安，因为他是一个特别会造梦的人。

《卧虎藏龙》里他造了一个大千世界，里面的玉娇龙根本不是一个真实的人物，而是一种无法实现又心向往之的生活理想；《少年派的奇幻漂流》里，他用 3D（三维）视觉效果和绚烂的画面将一个个恐怖的真相娓娓道来；接拍《比利·林恩的中场战事》时，他说："我想用更清新、更清晰的方法去做梦。"对他来说，拍电影就是造梦，人们从他的光影世界里看到了他的梦，也看到了自己的梦，所以大家认同他，尊崇他。

然而，"导演梦"并不是人人想做就能做好的，它涉及三个要素：精神凝缩、梦念置换和影像润饰。关于这三个要素，笔者将从基本的梦的原理、运作机制入手来进行阐述。

造梦的三个要素

| 精神凝缩 | — | 梦念置换 | — | 影像润饰 |

<DREAM>

梦 的 运 作 机 制

MISSION
↑
MISSED
↑
MISS
↑
SUBCONSCIOUS
↑
ENGRAM
↑
DREAM

导演商学院
Director Business School

每一个梦形成的动机都是一个渴望被满足的愿望。它将许多精神材料凝缩，平日累积的梦念被置换其中，并以影像润饰，梦的清晰度与强度取决于梦念，它会被遗忘，但它所带来的情感触发不会消失，这些情感将形成记忆痕迹，即潜意识，它将极大影响我们的性格。梦源于过去，却展示着未来，这个未来依据着长久以来无法摧毁的愿望而塑造，或许，在梦的驱使下，一个领袖去干一番宏伟的事业，历史可能就因此改变了！

——西格蒙德·弗洛伊德《梦的解析》

梦 = 神秘主义 + 呈现主义

神秘主义：将理性认知上升到感性认知

呈现主义：将抽象思维转化为形象思维

造梦者 = 感性认知 + 形象思维

每一个梦的动机都是一个渴望被满足的愿望，我们担心的、惦记的、期待的事，当感情足够强烈时，便可以形成"梦"。然而，我们平日里所想的东西不会在梦中原原本本地呈现出来，它会转化成一些具象的东西，并以影像的形式呈现，也就是"影像润饰"。如果对梦的内容进行审视，很多时候，我们都能发现一些现实中我们渴望或恐惧的东西的身影，因为这些东西已形成了一种"梦念"，无形当中便"植入"了我们的梦境，让我们得以在虚实之中穿梭，这个过程就是"梦念置换"。而梦的清晰度和强度取决于我们的"梦念"。梦虽然会被遗忘，但是它所带来的情感触发不会消失，会以"精神凝缩"的形式存在。比如，醒来后你可能已经遗忘噩梦中的内容，但是梦中的情感体验——恐惧，依然存在，以至于你醒来心依旧怦怦直跳。所以，这些情感触发不会消失，而将形成记忆的痕迹，也就是潜意识，它将极大影响我们的性格。因此，如果你的"执念"足够强大，可以转化成一个个"梦"而不断地沉淀下来，到最后它将转变成你的使命，驱使着你去成就一番事业。

所以，**梦其实自带两种属性：神秘主义和呈现主义**。梦与平时"从感性认知上升到理性认知"不一样，它是一种颠倒的过程，它是现实中的理性认知通过"做梦"转化成了一种梦幻的、神秘的感性体验，同时通过梦中影像进行具象化，将观念转化为画面。所以，造梦者造梦的过程需要具备感性认知和形象思维特质，而这也正是导演的特质。

其实，不管是梦的原理，还是机制，都与导演的工作性质相对应：将所思所感所念进行"浓缩"，通过创作挖掘有价值的故事，并将其进行"画面感"处理，最终变成影片，更具清晰度、能见度，从而不断影响别人，把自己的"梦"变成大家的"梦"。所以导演就是造梦者，唯一不同的是普通造梦者做的是生理上的"梦"，导演造的是商业上的"梦"，而造梦三要素中的精神凝缩衍变成了文化使命，梦念置换转换成了价值故事，影像润饰成为了呈现愿景。

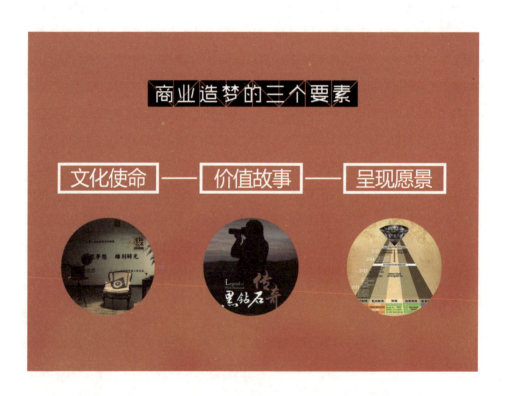

《盐道》
创　作　分　析

《盐道》是黑钻石为重庆市盐业（集团）有限公司打造的一部形象影片，这是一个与盐有关的故事，是一个传奇。

刚接到拍摄任务时，黑钻石做了这样的分析：讲述重庆巴盐本质是讲述"一群人"的故事，于是黑钻石把这当作一个"梦"，一个事关传承、变革和发展的事业梦、文化梦，然后开始提炼这个"梦"的内容和精神。

通过项目调研，黑钻石概括出了《盐道》影片所要表现的内容：巴盐的整个历史沿革及蕴含的人文色彩、制盐人精神、巴盐文化，相应提炼出的巴盐的传承、变革、荣誉和愿景。考虑到内容时间跨度大、人文色彩浓厚，在影片中黑钻石采用了古今贯穿、浓缩镜头的表现方式，即一个镜头代表一个时间段，一个时间段浓缩一个巴盐故事，然后结合电影上常用的表现手法，运用更加丰富的镜头语言，充分挖掘出其中的制盐人精神和文化自豪感，激发人们的情感共鸣。

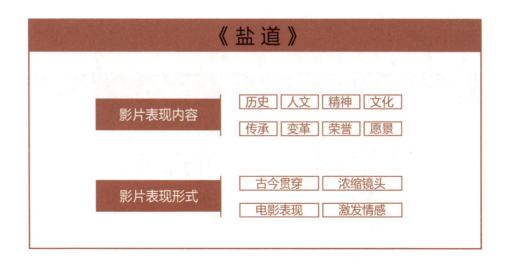

另外，"百味盐为先，巴盐五千年"，黑钻石努力地走进它的灵魂深处，一边思考画面，一边写出了一段"顺口溜"："巴人寻宝源，渔歌霞满天。千里穿天险，中华首识盐。"这段话算是整个影片的大纲，既有黑钻石要拍摄的内容，比如巴蜀"鱼盐"文化，也蕴含影片的意义——曾经巴盐穿越蜀道之难，让"中华首识盐"，今天它穿越时空之限，依旧焕发光彩。

为了更好地呈现影片内涵和效果，黑钻石还给影片设置了三个层次：第一个层次从历史角度古今贯穿，展示巴蜀盐道从历史到现代到未来的发展历程；第二个层次从商业角度体现巴盐、重盐和制盐产业的发展；第三个层次从社会、文化角度彰显巴盐精神、实力和文化影响。这三个层次相辅相成，可以满足不同层次的受众需求，不管是个人、企业还是政府，都能从中领略到巴盐独特的风采和魅力。

到了这里黑钻石基本明确了巴盐的文化使命，下一步便是开始梦念置换，挖掘其中的价值故事。黑钻石设计了《盐道》故事线寻盐—制盐—运盐，罗列了其中非常重要的元素（这是一个影片重要元素诞生的过程）。

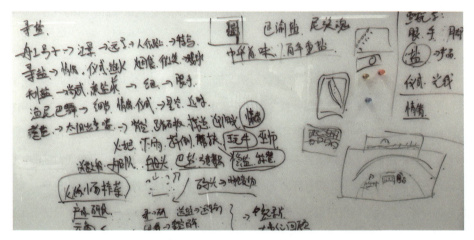

▲ 图源《盐道》故事线

围绕着这条故事线的元素有的非常细微，涉及的往往是一些细节，比如制盐人的眼、手、脚；有的是一种感性体验，比如情绪激动、兴奋、幸福；有的是一种全新的变革，比如创新的文化、创业；有的是一种宏观的精神要素，比如民族魂……必须充分了解其中的每一个元素，再根据这些元素来划分镜头，设计画面。

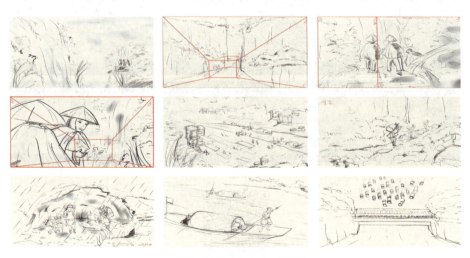

▲ 图源《盐道》分镜头 李煌彬绘制

根据故事线，黑钻石追溯历史，创意了寻盐过程中白鹿引泉、天赐宝源等画面；结合巴人的"尚舞"精神，黑钻石创意了制盐过程中的舞蹈画面；之后，黑钻石创意了运盐过程中背盐、刮汗、翻越崇山峻岭、露宿山洞等画面，然后运用一个"时光穿梭"镜头，讲述运盐工具的变革、巴盐带来的独特饮食文化与民间文化，这就是整部影片的梦念，或者叫梦念置换。

要想更好地呈现以上画面，就要靠影像润饰。这涉及每一个场景、角色的选择和设计，更需要反复拍摄和甄选，需要整个团队的技术和高效配合，往往艰辛异常。比如角色选择，为了凸显影片的历史厚重感和沧桑感，在寻盐、运盐中影片的主角是一位历经沧桑的老人。其中背盐老人的饰演者本来就是背了一辈子盐，至今还在古街上表演背盐的一位老人，另外黑钻石在画面上更是还原了地方传承，将整个背盐过程鲜活地展现出来。除了角色选择外，影片的场景布置、特写镜头、画面色彩、镜头剪辑等，都凝聚了黑钻石大量的汗水和心血。

扫码观看《盐道》花絮

（时长 04：24）

以上就是《盐道》这个"梦"详细的诞生过程，相信这部影片会影响更多的人再去做这样关于民族文化传承的"梦"。

除了《盐道》外，黑钻石还为元六鸿远和加目奇云牧场项目"造梦"，宏观把握，提炼要素，设计画面，凸显文化。可以说，不管是拍摄一个城市，还是一个企业，黑钻石的影片都在遵循精神凝缩、梦念置换、影像润饰这样一个造梦规律，而这个规律需要文创导演们反复学习和体会。

1. 精神凝缩——提炼文化使命

这一点主要涉及四个要素——使命、愿景、价值观和价值主张。使命是"我从哪里来"，愿景是"我到哪里去"，价值观是"我是什么样的人"，价值主张是"我用什么方式做事"。

练习精神凝缩：提炼文化使命

使命：我从哪里来

愿景：我到哪里去

价值观：我是什么样的人

价值主张：我用什么方式做事

再回到黑钻石，黑钻石的使命是"记载梦想　雕刻时光"，黑钻石拥有分享精神、浪漫情怀、精准认知、乐观心态，以演绎城市与人的成长为价值主张，这些就是黑钻石的精神凝缩。

▲ 图源　黑钻石文化墙

所以，不管企业还是个人，都有一个使命和愿景，并有自己的价值观和价值主张，虽然这些各有不同，但是都可以运用导演的理性思维进行顶层设计式归纳，只要我们牢牢把握好这四点，基本上就能很好地提炼出文化使命。

2. 梦念置换——讲述精彩故事

梦念是高级的丰富的精神结构仓库，它存储着人们的意愿、梦想、情感、情绪等精神元素，具备了正常理智功能的全部迹象但又远离意识，直到以"化装"的形式出现在梦中。

然而，一部影片要想精准揭示"梦念"，就需要将"梦"做得精彩，既不让人觉得沉闷无趣，又要直指人心，这就需要高超的讲故事能力。而讲好一个故事常用的方式莫过于三种：比喻、夸张和借代。这也正是考验一个导演编剧能力的地方。

练习梦念置换：讲述精彩故事

比喻：深入浅出

夸张：烘云托月

借代：见微知著

《少年派的奇幻漂流》❶　　《盗梦空间》❷　　　《穆赫兰道》❸

比喻：深入浅出　　　夸张：烘云托月　　　借代：见微知著

　　以比喻的手法来讲故事，最具代表性的莫过于《少年派的奇幻漂流》。片中老虎、斑马、鬣狗、猩猩、食人花、无人岛等在营造了一个个奇幻场景的同时，无不是对现实的一种隐喻，让观众在观看完电影惊奇于其中的"梦幻"和不可思议之时，却又不得不面对血淋淋的现实，就像马伯庸所说的那样："李安把第一个故事描绘得极为精美，对第二个故事却吝啬到一个镜头都没有，对第三个故事甚至只肯用隐喻来承载。他把现实包裹在美好的糖衣之内，又在现实里放入残酷夹心，递给大家。"这是一个非常聪明的做法，既满足了人们的猎奇心理又将人性与兽性之间的"天人交战"用画面用比喻深入浅出地揭示了出来，避免影片成为又一部《鲁滨孙漂流记》。

---

❶　《少年派的奇幻漂流》简介：影片讲述的是少年派遇到一次海难，家人全部丧生，他与一只孟加拉虎在救生小船上漂流了227天，人与虎建立起一种奇特的关系，并最终共同战胜困境获得重生。2013年，该片在第85届奥斯卡奖颁奖礼上获得了包括最佳导演、最佳视觉效果在内的四项奖项。
　　获奖记录：第85届奥斯卡奖最佳导演　第85届奥斯卡奖最佳摄影　第85届奥斯卡奖最佳视觉效果　第39届土星奖最佳奇幻电影

❷　《盗梦空间》简介：影片讲述由莱昂纳多·迪卡普里奥扮演的造梦师，带领约瑟夫·高登－莱维特、艾伦.佩吉扮演的特工团队，进入他人梦境，从他人的潜意识中盗取机密，并重塑他人梦境的故事。
　　获奖记录：第83届奥斯卡金像奖最佳摄影　第83届奥斯卡金像奖最佳视觉效果　第64届英国电影和电视艺术学院奖最佳特殊视觉效果　第14届好莱坞电影节最佳摄影

❸　《穆赫兰道》简介：影片主要讲述了经历了一场在蜿蜒的穆赫兰道上并令其失忆的车祸后，丽塔和一名立志要做好莱坞演员的女孩围绕着洛杉矶寻找线索和答案，随之而来的是一次扭曲的超乎梦想与现实的冒险。
　　获奖记录：第54届戛纳电影节主竞赛单元—最佳导演奖　第55届英国电影和电视艺术学院奖电影类—最佳剪辑　第27届法国凯撒奖最佳外国电影

导演篇之批语

　　我想生命到头来就是不停地放下，而让我难过的是我们甚至没能来得及好好地告别……我肯定他会转身对着我，他会看我，他会耷拉下耳朵，他会咆哮，他会以某种诸如此类的方式为我们之间的关系做一个总结。但他没有这么做。他只是目不转睛地看着丛林。久久地凝视，不曾回头一望……我忍受折磨时的伴侣，激起我求生意志的可怕猛兽，向前走去，永远从我的生活中消失了，我哭不是因为我所遭受的苦难，而是因为他就那样离开了我，那样轻易。

——《少年派的奇幻漂流》

《盗梦空间》是对"梦"的一种极致的夸张表现，不仅人人有梦，梦还可以被植入，被创造。玻璃碎渣、重叠的镜子、倒过来的城市、铁轨的颤动等超越我们的想象，又极度刺激着我们的感官，更是引发我们对人生对现实的深层次思考：梦境与现实到底有多远，我们的梦是扭曲的现实，还是现实重现了一个个梦境，或许梦境又是一个完整的人生也未可知，现实或许在为梦境的丰富创造素材……而在影片最后，导演用似倒非倒的陀螺图腾告诉我们，人生如梦，不要把某种东西看得太重，也不要刻意去做某件事，只要你努力了，就可以了，至于能不能实现目标都是无所谓的。这就是运用夸张手法来讲故事的精妙所在。

《穆赫兰道》是一部十分"烧脑"的电影，90%的人第一次看完这部电影之后根本不知道它在讲什么，为什么？因为它是一部"细思恐极"的电影，电影中存在复杂的"借代"关系，比如化身丽塔（Rita）的凯米拉（Camilla）从车祸中走出来；化身贝蒂（Betty）的黛安（Diane）在试镜时的投入表演……而这样的"借代"又无不隐藏于一个个细节之中，只有"见微"才能"知著"。当你真正看懂时，你会倒吸一口凉气，并不是因为自己没有做过类似的噩梦，而是没有想到有人能把梦魇如此真实地呈现在大银幕上，经历他人的噩梦也许比自己经历噩梦更加可怕。同时这部影片与弗洛伊德的一些关于梦的理论相契合。梦的解析公式便是"梦＝被压抑的欲望＋伪装起来的满足"。也就是说，一定的梦境总是用以表达做梦者一定的愿望的，不过这个愿望的满足可能是经过伪装的，不是那么一目了然。

所以，伟大的导演懂得选择比喻、夸张、借代等适合的方法进行梦念置换，从而讲述出一个个精彩绝伦的故事。而这三个方法值得每一个文创导演和文创人学习。

其实影像无非是四点：光、色、影、音，光入感、色传情、影留印、音明心都很重要。

练习影像润饰：呈现伟大愿景

光入感

色传情

影留印

音明心

微视频"一带一路"《大道之行》中，唯美的画面展示了非常深刻的内涵，但是这部影片最大的特点是由习近平主席亲自"配音"。在视频中，他娓娓道来为什么要提出"一带一路"倡议以及他的想法和抱负。最后他还感慨："历史是勇敢者创造的。"虽然影片只有短短六分钟，我们还是享受到了一次视听盛宴，更为"一带一路"而自豪。

当然，影像润饰是一种技巧，是光、色、影、音的生动配合，纯熟运用影像润饰定然会为影片增色不少。

扫码观看视频

（时长 06：11）

导演是个会做梦的人，梦最终要由一个故事来呈现。掌握了造梦三要素，具备了造梦和讲故事能力，并不代表着懂故事，导演还要是个懂故事的人。

十口古文为故，十口之争为事

故事——可流传记载的讨论

KNOWS
THE STORY

导演商学院
Director Business School

—〉 导演还要是个懂故事的人 〈—

什么是故事？我们分析一下这两个字。

"故事"中的"故"是"古"加一个"文"，而"古"为"十口"，即"十口古文"为"故"，意为可以流传的，值得记载的；"事"为"十口"加一"争"，即"十口之争"为"事"，意为可以讨论的。这两个字合在一起叫"故事"，意为可流传记载的讨论。

所以，我们要讲或者创作一个故事时，实际想做什么？想被大家谈论。只有被大家谈论才有流传的可能。

当然，讲故事并不是一件简单的事，并不是说你掌握了前面的那些造梦、编剧技巧就行了，还必须认识到：故事永远都讲不完，越熟悉的故事越危险。

故事永远讲不完，
越熟悉的故事越危险。

---

1. 故事永远都讲不完

　　有位朋友曾经问我，你们创作了那么多影片和项目后，创意会不会枯竭，会不会没有故事可讲啦。我的回答是不会，因为故事并不是你创造的，而是你去挖掘和发现的。无论是一个城市还是一个普通人，都有无数的故事可以去聆听、去品味，自叹没有故事可讲的导演，不清楚故事的来源本就是生活。如《霸王别姬》的编剧芦苇所言，每天都有很多值得去改编成剧本的故事发生着。

我们有太多自己的人生经历和人生体验，会以"经验"判断一个故事，从而得出这是一个早已被讲滥的故事的结论，但是当我们加入一些新的元素后，往往能够将故事反转，从而达到另一种效果，颠覆原有故事本身，让人耳目一新。所以故事永远讲不完，不要轻易给任何事物下判断，认识和判断是不一样的。

2. 越熟悉的故事越危险

心灵鸡汤、名人励志故事，相信很多人都不陌生，网络上更是"一抓一大把"，但是你有没有想过主人公可能不是那么做的，他所说的一切可能只是一个"烟幕弹"，是用来粉饰自己的？要不然为什么那么多人成功的模式都是一样的，而现实中成功的人依旧那么少呢？

越熟悉的故事越危险，因为它是大家耳熟能详的，而且它已经无法真正刺激到人的神经，无法让人从故事中体会到新意，学习道理，引发思考。自然也就无法被人讨论，也就无法流传。所以一些套路、模式是文创导演要避开的，放下自己曾经的一些既定认识和观念，积极接受新的思想和方法，对你的事业和人生大有裨益。

最后，总结一下，导演不管是造梦还是讲故事，都需要"编剧"能力，都要从写剧本开始。拍电影很贵，纸和笔却很便宜，你可以反复设计、修改剧本，从而寻找到最佳的故事结构、叙述手法和画面语言，同时创作必须源于自己丰富的知识储备，如果你的知识储备还不够，你可以把长见识当作自己创作剧本的一部分，多出去长长见识，不断更新自己的认知和知识库，然后，耐心地一步一个台阶往上走。

导演篇之批语

（1）想当导演就去写剧本，那只需要纸和铅笔。

（2）创造源于记忆，头脑里必须有丰富的知识储备。

（3）要有耐心，不要老看山顶，不然很容易产生放弃的念头。

（4）要将写作变成习惯，耐住一次只能写一个词的枯燥，绝不能放弃！

——黑泽明给年轻人的建议

洞明者

思想品读力

——可度情

INSPIRE
EMOTION

电影的艺术在于

启发情感而非叙述事实

导演商学院
Director Business School

导演也好，艺术创作者也好，都需要对人情世故深刻品读，因为电影的艺术在于启发情感而非叙述事实。

《战狼Ⅱ》的成功绝不是因为故事逻辑多么完美，它的故事甚至有很多地方是生硬的，也不是因为特效多么"牛"，那么它赢在哪里？赢在它成功激发了全民的爱国热情。当冷锋手举国旗跨过战区，那种直击心灵的国家自豪感被释放得淋漓尽致。编剧与导演对中国人需要什么样的情绪爆发研究得很彻底。他们很好地用电影完成了一次爱国主义教育。如此一来票房就高了。

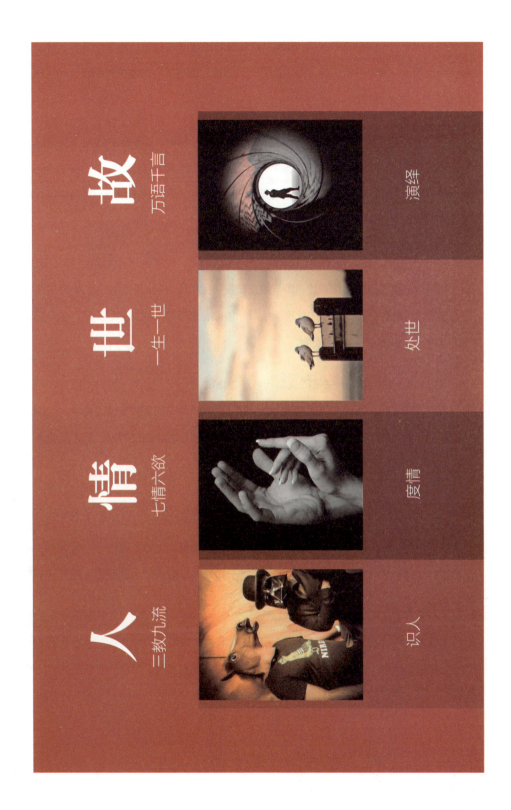

故　万语千言　演绎

世　一生一世　处世

情　七情六欲　度情

人　三教九流　识人

导演就是"心灵的摆渡人"。思想品读能力对导演来说是极其重要的素养。导演要能够做心灵沟通，懂得品读情感，最终达到"可度情"的境界。导演最终要表现的用四个字就可以概括："人情世故"。

"人"分三教九流，导演得对所有层次的人有充分领悟，知道怎么指导演员表演才能带出一切环境与基因在角色上的呈现。《一代宗师》里王家卫对三教九流的表现达到了一种镜头哲学的高度。叶问、宫二、一线天、马三、地痞流氓，每个角色都符合中国人对江湖人物的定义。

"情"分七情六欲，《大话西游》讲的就是七情六欲。我甚至想《大话西游》的无厘头式情感解构造就了这部经典影片。情与欲是极难捕捉和表达的，现实中人们处理这些事情的时候最后往往也处于无厘头的状态。所以如果你看这部影片时哭了、笑了，你一定要记得提醒自己，你对待感情也是如此。

"世"分一生一世，一生指的是百年，一世指的是一代。世是一种时间概念，电影将时光浓缩，一个镜头就代表了几年甚至十几年，导演就是与时间打交道的使者，他决定了哪段时光可以凝固，哪段岁月可以略过。《天堂电影院》讲的就是时光、记忆及温暖。学会与时光相处，也就学会了处世。

"故"就是故事。前面讲到了，故事是可流传的记载与讨论。

人情世故，第一识人，能够分辨三教九流；第二度情，能够知道和掌控七情六欲；第三处世，强调和时间相处的法则以及如何处理一段又一段时间；第四演绎，用万语千言演绎故事。

人情世故中，最为基础的是"情"。三教九流人人皆有"情"，"情"为处事之本，导演也唯有搞定"情"方能演绎故事。因此，要想真正做到度情，需做到"艺品七情、商合六欲"。

艺品七情
商合六欲

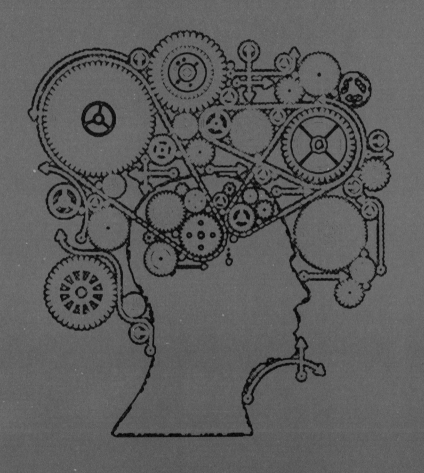

导演商学院
Director Business School

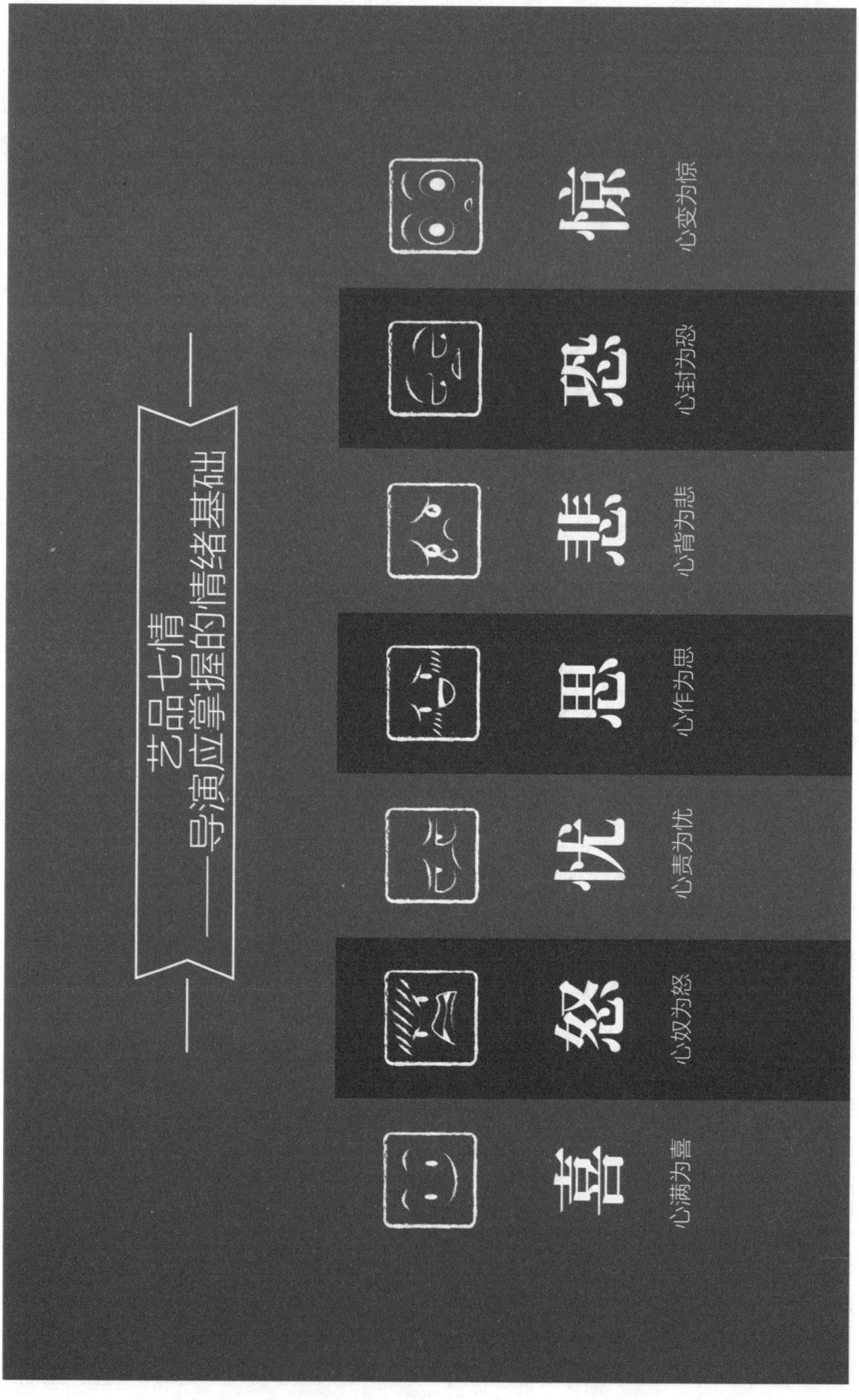

艺品七情
——导演应掌握的情绪基础

惊 心变为惊

恐 心封为恐

悲 心背为悲

思 心作为思

忧 心妻为忧

怒 心奴为怒

喜 心满为喜

"七情"指"喜""怒""忧""思""悲""恐""惊"。

"喜",指代喜悦、欢喜。内心期待的东西得到了满足叫喜,心满为喜。电影里如何呈现喜,增强了矛盾冲突后的喜能否是流着眼泪、喜极而泣呢?《喜剧之王》里张柏芝听到那句"我养你呀"后,在出租车后座的镜头是对喜的极佳演绎。

"怒",心奴为怒。当人的内心感觉不平等、压抑的时候,人就会愤怒。表现怒时,眼睛里的细节很重要。

"忧",忧字拆开看是一个"心"一个"尤"。"尤"是怪罪的意思,所以心责为忧,比如对世道的责备、对自己的责备、对他人的责备等。例如恋人之间分开后会牵挂和担忧,双方的内心也是有责备的,会忧心忡忡,失魂落魄,张国荣在《东邪西毒》里饰演的欧阳锋恐怕是这种角色的模板了。

"思",心作为思。内心一直耕作着、运转着,在琢磨事,所以会思考、相思、思念。思念很苦也很甜,思念让人一个人的时候也可以喃喃自语,可以突然就笑出声来,这些细节是表现思念的良好注解。紫霞仙子在思念至尊宝时的自言自语就无比经典。

"悲",心背为悲。"悲"字拆开看是"心"和"非"。"非"字在古代意为两只鸟背对背张开翅膀飞走,劳燕分飞、生离死别是十分悲伤的故事。

"恐",拆开是"心"和"巩"。"巩"是巩固的意思。古代用牛皮把东西裹起来叫巩,所以这个巩有"封锁"的含义。心封为恐,内心一封锁起来,什么表情都没有了,甚至会瞬间失语。所以很多恐怖片拍出的镜头是主人公遇到恐怖的事情后哇哇乱叫,这是不精准的情绪表达,《恐怖游轮》里的女主角清楚自己陷入到一个无法逃离的死循环里时,她内心的恐怖是用一种难以形容的瞬时呆滞来表现的。

"惊"，"心"旁边一个"京"字。"京"是一个度量单位，指1000万，所以"京城"指的就是很大的城市。但"京"下边还有个小字，这意味着大中有小，心变为惊，惊意味着心情急剧变化。想了解如何表演惊，看看傅园慧表情包就行了。

每个情绪在眉眼之间皆可流露，而一部戏是否会让人"出戏"也正由这些细节决定。所以，好的演员就是"微表情"到位的演员。

心满为喜眉眼间，心奴为怒苦与寒。心责为忧失魂魄，心作为思苦亦甜。心背为悲双飞燕，心封为恐固情言。心变为惊无遮拦，七情连心在人间。

钻石偈语

七情

七情连心在人间。

心变为惊无遮拦，

心封为恐固情言。

心背为悲双飞燕，

心作为思苦亦甜。

心责为忧失魂魄，

心奴为怒苦与寒。

心满为喜眉眼间，

商合六欲
——导演应知晓的感官满足

意	身	舌	鼻	耳	眼

尊重为法	安身为触	细腻为味	回报为香	趋势为声	生动为色
事业仪式	文化空间	阐述语言	价值路线	战略愿景	故事影像

如果说"七情"要求的是表演情感到位，更偏向艺术层面的追求，那么"六欲"则是欲望的满足，是一种"商业化"的追求，它具体表现为对眼、耳、鼻、舌、身、意六感官的满足。

"眼"对应的是"色"欲，指人对色彩、图像、美色等的追求，生动为色。那么，在商业运营中，什么样的方式最能满足眼睛的欲望？影像。所以，企业经常会用故事影像的方式去吸引人的眼球、满足眼睛的欲望。

"耳"的欲望则是指要满足听觉感受，趋势为声。那么，商业合作过程中需要给别人听什么呢？也就是合作方愿意听什么呢？战略愿景，品读未来。

"鼻"借指人的嗅觉，回报为香。要让人很好感受到你的价值路线。

"舌"对应的是味觉，细腻为味。酸甜苦辣通常是一种非常细腻的感官感受，在商业合作中我们的阐述语言要细腻而又有"滋味"。

"身"指的是什么欲望？就是安身之触，舒适。这里特指文化空间。放一百个大沙发，再放两百台游戏机，这是好的企业环境吗？当然不是。能够推动员工更加融入企业，更好营造自身价值与企业价值融合的环境对企业来说才是更有意义的。企业的文化空间包括软件和硬件，双重塑造软件和硬件也往往是企业企划的重点工作。这些在笔者写的《路演兵法》一书中有详细阐述，这里就不再赘述。

"意"指的是人希望外界事物能够满足自身对事业、生命的期待，满足自身存在感、价值感，尊重为法。人需要用多形式的事业仪式带来一场盛宴（这也是黑钻石那么重视开机仪式、首映仪式的原因）。

以上"六欲"并非单一、独立的，而是一个整体，相互影响，环环相扣，一环有所缺失，将会影响整个商业行为。

入眼映光影，悦耳战鼓声。提鼻明妄路，细腻述虔诚。安身化故里，如意且扬名。演绎顺天道，六欲合众生。

弄清楚了"七情六欲"的概念后，导演在运用这些概念的过程中还要分清商业和艺术之间的侧重点。"艺品七情，商合六欲"，如果更侧重艺术，就要仔细揣度"七情"，甚至可以再将其细分成更多情感种类；如果更侧重商业，那就要深度揣度"六欲"，思考用什么样的方式满足别人的欲望，你的产品需要迎合客户的欲望。总之，"七情六欲"是每一位导演应该下功夫去做足的"功课"。

钻石偈语

六欲

入眼映光影，

悦耳战鼓声。

提鼻明妄路，

细腻述虔诚。

安身化故里，

如意且扬名。

演绎顺天道，

六欲合众生。

通透者

事物洞察力
——精评析

　　《孙子兵法》内容博大精深，思想精邃富赡，逻辑缜密严谨，是古代军事思想精华的集中体现，内容分为《始计篇》《作战篇》《谋攻篇》《军形篇》《兵势篇》《虚实篇》《军争篇》《九变篇》《行军篇》《地形篇》《九地篇》《火攻篇》《用间篇》十三个篇章。再概括一点来说，它主要讲述的是战略、战备、战术、战场和战斗的内容，总结了许多行军打仗的规律。

当我们对一切战略战术了然于胸时，便要懂得活学活用，做到知己知彼、百战不殆，毕竟每个个体、每个企业都有不同于其他个体和企业的特色及理念，不同个体和企业所处的市场也是千奇百怪，甚至超乎想象的。如果导演不具备敏锐的洞察力，不做细致研究和精准评定，很可能做出与预期目标风马牛不相及的产品。

所以导演应该是一个通透者，既能把握宏观战略，还具备敏锐的洞察力，并能精准地判断和分析。

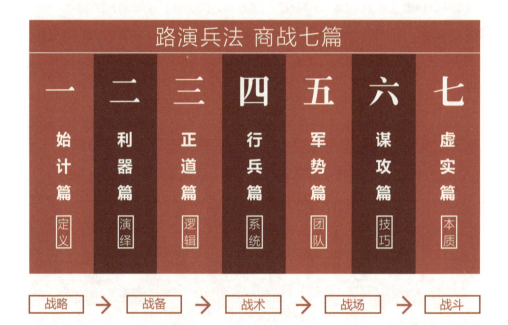

EVALUATE ANALYSIS

导演商学院
Director Business School

对事物本质与逻辑的了解
是从评价与分析开始的 ————

　　有人对笔者说经常看笔者的微信也会有很大收获。姑且不论这句话是否有谬赞的成分，笔者确实是在利用微信、微博来练习自己对于一些事物的评价和分析能力。因为平时没有那么多专门的时间来写一篇文章，笔者只能用微信、微博这种短小的方式，将自己看到事物后的所思所感写下来、整理出来。内容无须太多，几张图、一段话便可，操作起来也非常简单。操作虽然简单，却需要我们准确捕捉到当时自己的情感及与自身感受最为匹配的画面，将它们完美组合成一篇篇声情并茂的"生活日志"。**当你带着这样的思考、沉淀去编写自己的微信时，不管从哪个角度来说，它对你的成长都是非常有利的，它能很好地锻炼你的写作能力、思辨能力和采编能力。**

　　所以，如果可以，从现在开始就养成通过自媒体或小笔记的方式来不断评价、分析一些事情的习惯，久而久之，你会发现自己对事物的本质与逻辑有了更为深刻的了解。

观察生活就是积累创作元素的开始

套用"世界上并不缺少美,而是缺少发现美的眼睛"这句话,笔者认为"世界不缺少故事,缺少的是发现故事的导演"。我们完全可以把自己的生活体验当成剧本的一部分,观察生活就是积累创作元素的开始。

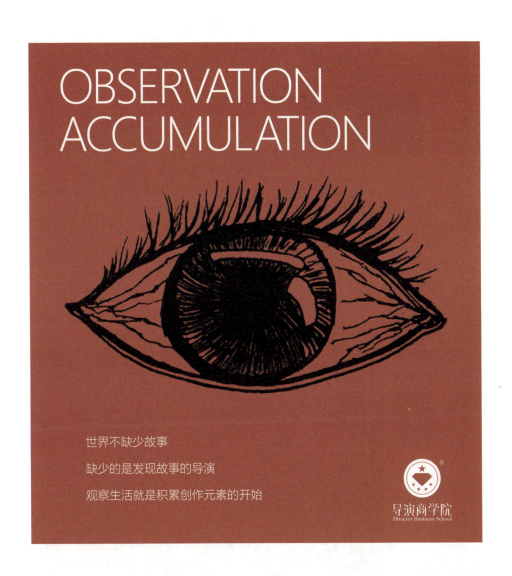

OBSERVATION ACCUMULATION

世界不缺少故事

缺少的是发现故事的导演

观察生活就是积累创作元素的开始

导演商学院
Director Business School

有一年，笔者过年开车回家时，在路上刚好看到路边树上的鸟窝，顿时心有所动，便拍了一张照，还写了一首《天净沙·归》：狼回首燕归巢，风眷林雨恋萧，歌欲扬人醉了，静海平涛，今朝莫念他朝。

图源　拍摄于过年返乡路途中

天净沙·归

狼回首燕归巢，
风眷林雨恋萧，
歌欲扬人醉了，
静海平涛，
今朝莫念他朝。

所以，只要我们用心，用心去寻找、感悟、沉淀，哪里都可以是美的，哪里都可以是故事。

那么，对我们来说这些感受在创作上有哪些提醒呢？下面这张照片是黑钻石制作部员工拍的，当时已经是凌晨了。其实本意很简单，就是想说凌晨了，制作部还有人在加班这件事。

◀ 图源
拍摄于北京冬夜凌晨黑钻石影视制作中心

仔细观察这张照片，你会发现它有讲故事的基础。如果按照拍摄者的思考方式讲，照片里有哪些元素可以用得上？《教父》的海报、加班者的微笑、"剪辑一室"四个字、门内的包裹、桌子上的水杯。故事出来了：深夜的剪辑一室里有一位面带微笑的温柔男子，虽然他身材壮硕，隐隐透露出黑钻石人的狼性，还有拼搏、努力的气息，但那微笑发自内在，温良淳朴才是黑钻石人真正的本质。

还可以有什么讲故事的角度？男子穿的是黑色的棉服，说明室内温度不高，可以理解为黑钻石还需要不断从自身文化和故事中寻找能量；男子的微笑表示他对观望者态度友好，寓意黑钻石已经开始找合作伙伴，拥抱市场；墙外《教父》的海报，可以理解为黑钻石的外在形象——行业规则制定者；桌子上的水杯是一个旅行水杯，预示着黑钻石还在不断奔波；照片拍摄于凌晨，可以借指黑钻石的黎明也不会太远。

一张普通的照片，你把它解析出来，就形成了一个故事，而这张照片也从此变得意义非凡。而解析靠的是敏锐的洞察力。不单是解析照片，解析话语也是如此。

下面是一则非常火的调侃"双十一"的段子。

11月11日凌晨，天黑透了，几颗暗星慵懒地向这个世界挤眉弄眼。惠安小区的几栋高层却仍是家家亮着灯，那是一种寂静的明亮，没有电视和音响的嘈杂，没有夫妻的争吵，只有鼠标嗒嗒嗒的响声。小区传达室的王大爷又点上一根烟，默默地关掉了小区总电闸。据说，那一晚上他为小区挽回了上亿元的财产损失。

看到这段话时，你的脑中是否出现了画面？那么，要想将脑中的画面拍摄得与众不同，我们首先需要考虑到"双十一"已经是一项"全民运动"，有了这个认识，接着就要考虑场地、人物选择，然后考虑用一系列生活场景来表现文字中的"要点"：安静以及人们表情的变化等。

生活常常是这样，仔细观察后你才知道错过了多少精彩，深入体验才能讲述出真正的故事。

学会分析影片是
创作影片的开始

观察完照片之后，我们要学会观察和分析影片。

影片中的信息量更大，如果不仔细认真观察，就会漏掉很多细节和内涵。以电影《史蒂夫·乔布斯：灵光乍现》为例，它在好莱坞的电影当中还算不上是一流的影片。很多人看完就看完了，但我认为恰恰是这类影片值得我们去学习和研究。有人追求视觉冲击，就有人追求岁月静好，对人的精神的挖掘，尤其是对社会中坚力量企业家精神的挖掘，将会成为未来的创作类型之一。

▲ 图源 《史蒂夫·乔布斯：灵光乍现》电影海报

乔布斯电影框架分析

迷茫期寻找梦想

创业期寻找伙伴

发展期寻找投资

稳定期寻找突破

挫折期寻找情感

复活期寻找真实

这部影片中乔布斯的成长分为六个时期——迷茫期寻找梦想，创业期寻找伙伴，发展期寻找投资，稳定期寻找突破，挫折期寻找情感平衡自己，复活期寻找真实。

此外，我们还应当看到乔布斯怎样运用影视和路演的力量来推动企业发展。他如同艺术家一般，将自身的思想和个性注入产品，使科技不再冰冷，从而拥有了温度和情感；他用行动告诉我们影视的作用其实远远不只是宣传，它还可以统一人们的思想和认知；在第一届西海岸电脑节路演时，他更是用使命和愿景而非产品赢得了广大消费者认可。可以说，乔布斯是一位非常成功非常值得人们学习的导演式企业家。

这只是一个简单的例子，看电影写影评是一个很好的锻炼洞察能力的方法。看电影的时候，把它烙印在自己的脑海中，这才叫看电影！

看很多部电影，每部电影看一遍，最多算个电影爱好者，但把一部电影看很多遍，第一遍看它的故事线，第二遍看衔接，第三遍看音乐，第四遍看服装、道具、场景……每遍看不一样的东西，才有机会成为专家。

人们常说"世事洞明皆学问，人情练达即文章"，导演若能够敏锐洞察和深度解析所见所闻，做到思想通透，就自然能过五关，斩六将，傲然立足于江湖。

演绎者

角色转换力
——可跨界

导演要创作的不仅仅是影片本身，维护整个拍摄流程也是创作的一部分，导演要给演员说戏，场景如何布置，摄影师、灯光师等工作人员如何配合等，导演都要了然于心，最后的影片拍成什么样、什么风格，也跟导演个人的能力和品位息息相关。因此，导演应该是一位"百变星君"，往往身兼多重角色，并且能够在每个角色之间自由转换。

那么如何开启这种"自由切换"模式呢？

⟩深入认识角色塑造与身份跨界⟨

既然说到角色转换，我们就应该先明白角色塑造与身份跨界的三个流派：体验派、方法派和表现派。

角色塑造与身份跨界
角色是自身对事物认知的结果——体验派
借由环境与对手塑造自身特色——方法派
通过外貌、形体语言塑造角色——表现派

体验派就是想要演好这个角色，就沉下心来，把自己当成角色本身，回到角色的生活场景中去体验生活，从而获得对这个角色的认知，这是极具职业道德和职业素养的行为；方法派实际是体验派的延伸，也许演员没有那么多时间去实际体验生活，但是会借助环境和对手，将演员的"真我"和角色的"假我"适当贴近，比如在需要表现角色心理、情感时利用自己相同或相似的经历去演绎角色，是一种着力于外、回归于内的表现过程；表现派相对来说就更加"学院"一些，演员通过外貌、形态、语言、道具、标签式动作等来塑造角色，表现派更多运用在话剧、舞台剧中。

对于以上流派的区别，《演员自我修养》一书已经做了生动阐述：这一切演员式的动作，和现实生活里的人的动作完全两样。我举例说明这种差别。当一个人想要领会重要的、隐秘的、深藏的思想和体验的时候，他总是离群索居，深思默考，极力要在想象中用字句来表明所想的是什么，所感觉的是什么。在舞台上，这些演员却不是这样来动作，他们在吐露心思的时分却总是走到舞台的最前部，面向观众，扯起嗓子，带着满腔热情，有声有色地宣讲自己的那些根本不存在的体验。

当然，以上划分只是相对的，三个流派也无优劣之分，真正的好演员并不会太在意自己属于哪个流派，他们在意的是用最好的方法来阐释角色，好演员会将这三派做法融会贯通，比如周星驰。

其实，角色塑造的三个流派也正是身份跨界的三种方法。

在这个强调多元与融合的时代里，文创人对于"跨界"越来越不陌生，像演艺人员中有三栖明星，甚至有的明星更向导演、小说家、设计师方向发展，而文创人的跨界范围更大、更广，它有艺术跨界也有职场跨界，比起单纯做导演，文创人要了解和掌握的自然也就更多。

导演篇之批语

　　这一切演员式的动作，和现实生活里的人的动作完全两样。我举例说明这种差别。当一个人想要领会重要的、隐秘的、深藏的思想和体验的时候，他总是离群索居，深思默考，极力要在想象中用字句来表明所想的是什么，所感觉的是什么。在舞台上，这些演员却不是这样来动作，他们在吐露心思的时分却总是走到舞台的最前部，面向观众，扯起嗓子，带着满腔热情，有声有色地宣讲自己的那些根本不存在的体验。

—— 《演员自我修养》

明确商业与艺术的四大类比

文创导演是"两栖"生物，一边要在职场当中摸爬滚打，一边要在艺术领域苦干苦练，所以需要将商业与艺术进行一次大类比、大融合。

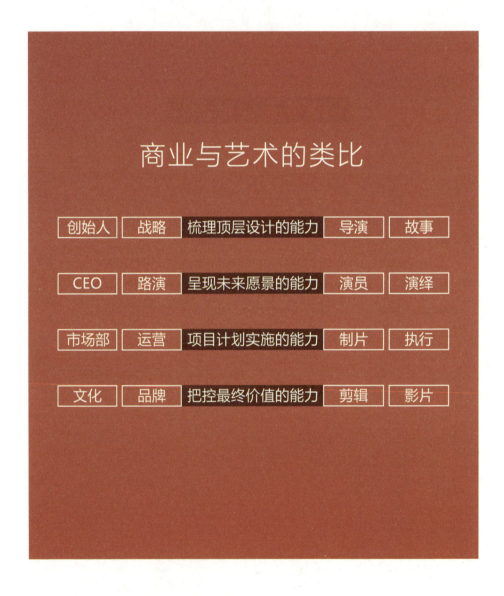

商业与艺术的类比

创始人	战略	梳理顶层设计的能力	导演	故事
CEO	路演	呈现未来愿景的能力	演员	演绎
市场部	运营	项目计划实施的能力	制片	执行
文化	品牌	把控最终价值的能力	剪辑	影片

1. 创始人—导演：梳理顶层设计

创始人是企业的开创者、发起人、所有人和创业时的核心主导，对一家企业来说，创始人往往是最高的决策者，需立足经济发展趋势、国家政策来制订企业的发展规划、发展战略；导演是影视艺术创作的领导人和核心人，他必须站在艺术、审美、社会等角度看待一个故事，讲述一个故事，从而保证影片的水准和品质。因此，他们都需要具备梳理顶层设计的能力，这样才能保证商业之舟、艺术之舟乘风破浪，一往无前。

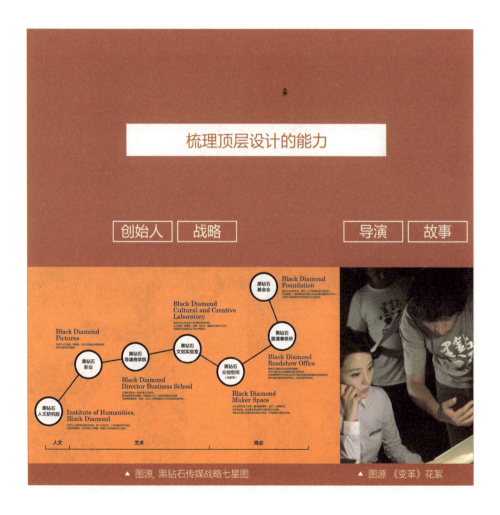

▲ 图源：黑钻石传媒战略七星图　　▲ 图源《变革》花絮

CEO（首席执行官）是一家企业的运营者，是一家企业中负责日常事务的最高行政官，需要运用自身逻辑、技能、经验、实践将企业的愿景"路演"出来，充分给员工、客户传递公司价值，从而激起员工的创造力和热情，给企业带来希望；演员是一部影片情节内容、思想内涵的演绎者，好的演员对一部影片来说往往起着画龙点睛的作用，能很好地将观众带入故事，从而让观众产生情感共鸣，认可影片，更好地保证票房。所以，CEO 和演员都需要具备呈现未来愿景的能力，牢牢抓住人心。

呈现未来愿景的能力

| CEO | 路演 | | 演员 | 演绎 |

▲ 图源 路演产业会　　　　▲ 图源 IBI国际企业孵化器活动花絮

3. 市场部—制片：项目计划实施

在企业营销实践中，市场部的作用非常重要，它是一家公司项目计划实施的核心部门。市场部需要提供相应的市场项目所需的方案、销售安排等重要文件，还要将方案切实落地实施；而电影制片则是有效配合导演意图，组织人、钱、资源将影片最终拍摄制作完成的核心推动者，好的制片人有时甚至凌驾于导演之上，好莱坞的电影大部分是制片人制，这样才能最大限度保障创作安全可靠，只有那些非常大牌的导演才有自己的发言权。所以，市场部和制片一样，需要的是项目计划实施能力。

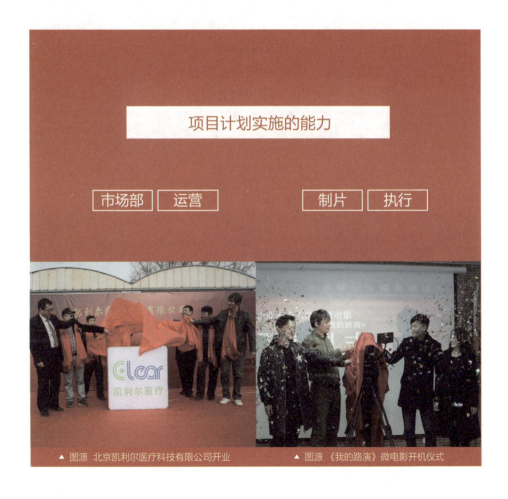

▲ 图源 北京凯利尔医疗科技有限公司开业 　　▲ 图源《我的路演》微电影开机仪式

4. 文化—剪辑：把控最终价值

　　品牌是企业追求的一个发展结果。从本质上来说，品牌是价值的集合，是功能价值和感情价值的集合，真正让品牌在市场生存的是它的感情因素，即文化力量；剪辑是将影片制作中拍摄的大量素材，经过选择、分解与组接，最终完成连贯流畅、含义明确、主题鲜明并有艺术感染力的作品，它是影片艺术创作过程中的最后一次再创作。因此，二者都是"质量关"，需要具备把控最终价值的能力。

▲ 图源 《史蒂夫·乔布斯：灵光乍现》电影海报　　　▲ 图源 《我的路演》宣传海报

商业运营的过程

创始人	CEO	市场部	文化
战略	路演	运营	品牌

以上四大类比，不仅作用相互对应，整个操作流程也呈对应关系。

商业的运营过程是创始人提出战略布局，CEO 进行企业路演、管理，市场部将项目制定、实施，最终沉淀为一种文化，成就品牌；艺术的运营过程是导演讲述故事，演员演绎故事，制片将这个故事制作、执行，然后通过剪辑，成就一部伟大的作品。

艺术运营的过程

导演	演员	制片	剪辑
故事	演绎	执行	影片

身为文创人，很多时候我们不可能只是停留在一个角色和身份当中，所以，导演也好，企业家也罢，都必须明白有哪些角色需要我们去转换，或者我们对这些角色有哪些责任要去承担，最终成为一名角色转换能力强的人，真正实现跨界，而不是"玩票"。

策划者

原创性开发

——创观念

什么是路演？路演这个词是舶来品，是从国外引进过来的。最早在美国的华尔街，股票经纪人为了说服别人来买他的股票，就站在马路上大声吆喝。随着商业发展，这种路演的形式被移植到企业产品推广上来，形式越来越丰富，比如媒体发布会、产品发布会、产品展示、产品试用、文艺表演、游戏比赛等，今天路演更是成为了企业家与投资家的必修课。可见，时代在进步，好的产品或商业理念如果不升级优化，就会被淘汰。

在此基础上黑钻石再次对路演进行创新，创造了路演兵法、路演英雄、路演合伙人、路演事务所、路演路线图等路演 IP（知识产权），给想要更好展示企业价值的企业家带来独具情怀的路演视角。而黑钻石就诞生于路演能量场，拥有纯正的路演基因，提出并一路倡导路演精神，最终成为路演标准的制定者。

除了路演 IP 外，黑钻石还分别在创作、系统科学领域创造了顶层设计图、产品七星图、金融路线图、文化五行图等创作 IP 和钻石软孵化、文创实验室、城门计划、导演商学院等系统 IP。

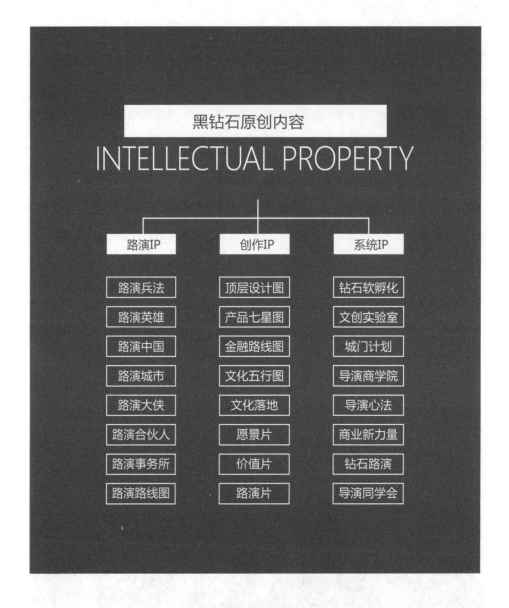

以上这些都是黑钻石的原创内容，也可以说是黑钻石的价值基础。所以成功的导演要能够塑造观念，引领行业和社会的认知。而成功的导演也必定是一个成功的策划者，懂得如何塑造观念和企业价值。

将认知通过实践
形成理论体系并提炼观念

黑钻石的路演是对观念与价值的引领，"路演兵法"四个字就有着多种解读角度。

从企业的角度来看，一家企业最关心的无非四点：资本、估值、创新和"人心"，所以路演兵法对应的是"资本思路""品牌推演""商业奇兵"和"处世心法"。

资本思路 ＋ 品牌推演 ＋ 商业奇兵 ＋ 处世心法

从政府角度来看，政府重视"一带一路"倡议，重视整个社会的人文色彩，重视商业发展及艺术文化交流。所以"路演兵法"便是"一带一路""人文导演""商业用兵"和"艺术之法"。

引自《路演中国》

从情感角度来看，情感往往涉及精神、愿景、未来和人情，所以"路演兵法"便是"精神之路""演绎愿景""看见未来"和"人情世故"。

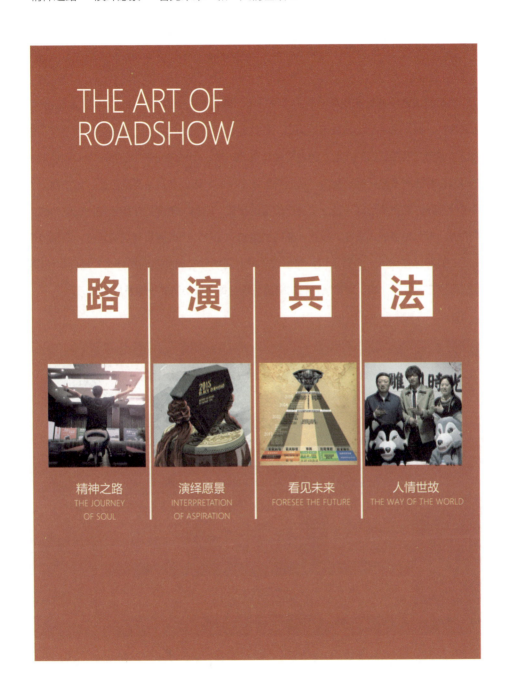

别看"路演兵法"只是简简单单的四个字，它可是黑钻石花费大量心血创造、供养、提炼出来的一个IP，并通过黑钻石不断补充添加内容，才具备今天的生命力和系统性。

同样，黑钻石正在花费心血打造的一个IP是城门计划，它是黑钻石城市路演系统的一个新概念。

城市路演系统是城市品牌运营的系统升级，需具备三个属性：高动态性、高融合性、强聚焦性。城市路演活动是城市的风口，往往起着招商引资的作用，路演的过程就是引进与这个城市发展相契合的产业，因此需具有高动态性；而城市路演中心是一个吸引资源的入口，它需要对资源归纳、整合，从而统筹城市发展，因此需具备高融合性；城市路演工具则涉及具体的路演形式，是一个城市价值的出口，它最为重要的作用就是呈现这个城市的价值，吸引更多的人关注、投资，往往也最被人关注，因此需具有强聚焦性。联想我们生活中的实际物品，一个有入口，有出口，同时还能掀起风的东西是什么？是门。所以，黑钻石称它为城门计划，寓意黑钻石的路演系统给每个城市送去一扇发展的城门。

黑钻石的城门计划可以说是典型的从已成型的理论体系中衍生创造更新的提炼观念的案例。

"观念先于行动"这一思维已经得到很多企业认可。企业若想成为行业标准，就要提出一个能指导全行业的先行理论并将其落地实施。而在路演行业中，黑钻石已经成为行业标准，所以黑钻石推出了路演事务所。

在未来，资本时代，社会上除了现有的律师事务所、会计事务所外，还会出现路演事务所。前两个事务所都很好理解，对一家企业来说，法律和财务是企业的"必需品"，同时，它们都具备很强的专业性，所以企业需要律师事务所和会计事务所来提供专业服务。其实，一家企业除了法律和财务服务外，还需要梳理与呈现价值的服务，黑钻石能提供这种服务，甚至能把一家企业变得更好，提升企业估值。

未来，资本时代的三大事务所
律师事务所——法务规范
会计事务所——财务规范
路演事务所——企业估值

说了这么多，笔者无非是想通过黑钻石的发展告诉大家，要想创造一个观念，必须让自己的认知在不断实践中形成完整的理论体系，并从这个理论体系中提炼出新的观念。这是黑钻石创观念的方法，也可以是你创观念的方法。

指挥者

系统交响力

——善整合

导演最终应该是指挥者，可以把不同的角色、不同的音乐、不同的画面等进行系统性整合，挖掘出其中最有价值的部分，从而像利用不同乐器演奏出一首或气势磅礴或动听悠扬的交响乐那样，呈现出一部"色香味俱全"的艺术作品，这就是**"系统交响力"，它是一种综合能力，是一种把已掌握的知识融会贯通、系统吸收的整合能力。**可以说，这一章前五节导演的五个身份，都是由指挥者这个身份在指挥和运营的。

乔布斯就曾说过这样一句话："Mac 之所以伟大，其中一个原因是创造它的是一群音乐家、诗人、艺术家、动物学家和历史学家，而他们恰恰还是世界上最好的计算机科学家。"

所以，看似无关的事物组合是为创新，看似无关的系统连接是为交响，全新的世界就这样诞生了。

下面我们来看一下技术整合的"六九七十二"法则。

黑钻石影片制作秘籍

六策
- 片名—建立项目
- 画面—朗读剧本
- 衔接—百次链接
- 音乐—冥想时刻
- 执行—空紧松通
- 交付—华丽亮相

九文
- 高瞻远瞩的立意
- 严丝合缝的逻辑
- 旁征博引的论据
- 具象震撼的数字
- 生动形象的类比
- 简练丰富的语言
- 节奏鲜明的韵律
- 前呼后应的结构
- 行云流水的成文

十二拍
- 情感
- 团队
- 科技
- 标准
- 创新
- 愿景
- 文化
- 品牌
- 英雄
- 历史
- 城市
- 故事

七剪
- 剪结构
- 剪画面
- 剪旁白
- 剪音乐
- 剪价值
- 剪观念
- 剪精神

六策同频
——系统指挥

　　这里的"策"并不是策划的意思（关于策划前文中也讲了很多），而是你策划的东西是否和谐统一，也就是同频，就像演奏交响乐需要让各个乐器协调统一，从而引起情感上的同频共振那样。而一部影片涉及的策划内容往往包含片名、画面、衔接、音乐、执行、交付六大要素，因此六策同频为以下几个方面内容的和谐统一。

六策

策：同频

片名	建立项目	立意同频
画面	朗读剧本	镜头同频
衔接	百次链接	动势同频
音乐	冥想时刻	感觉同频
执行	空紧松通	团队同频
交付	华丽亮相	价值同频

看人先看脸，看片先看名，从名字就可以看出一部影片的思想和境界。

经典电影《肖申克的救赎》获得多项奥斯卡提名，却在中国台湾获得了一个庸俗的名字《刺激1995》，很多人不明白这个名字是怎么来的，毕竟电影的故事背景可是20世纪40年代。而从《肖申克的救赎》这个名字中可以得到两个信息：一是地点在肖申克监狱；二是要救赎，安迪通过自己的聪明才智，抓住机遇从监狱逃了出去，救赎的不仅仅是他自己，还有整个监狱。这个名字既体现了电影内容，又强调了电影立意。

所以，片名的设计一定要立足整个影片要呈现的内容及整体的意境，将名字与整个影片的立意相统一。

你是否想过给影片起一个名字

▲ 图源《荣耀》

▲ 图源《蝶变》

▲ 图源《力量》

▲ 图源《变革》

2. 画面—朗读剧本—镜头同频

我们通常可以经由摄影机拍摄出来的画面看出拍摄者的意图，因为可从拍摄主题及画面变化感受拍摄者透过镜头想要表达的内容。因此，画面其实就是一种镜头语言，用镜头像语言那样表达我们的意思。

要想捕捉到精准的画面，需要对剧本非常熟悉，熟悉剧本的好方法是朗读剧本，剧读百遍，其义自见，在不断朗读的过程中，你就可以在脑海中想象画面，从而设计出非常棒的镜头语言。必要的时候要找演员配合一起来朗读剧本，演出一部"话剧"。

笔者曾在密歇根传媒学院参加过一个朗读剧本活动。虽然只是大学生的校园剧社，但同学们的认真程度不亚于专业演员，也正是一次次朗读剧本让这些非专业演员最终呈现出来的话剧非常精彩。

▲ 图源 导演商学院国际游学班——密歇根传媒学院

一部电影有 2500～4000 个镜头，一部宣传片大概有 150 个镜头，对于创作人员来说，衔接镜头的设计也是一种创作，它可以巧妙地掩饰时空跳跃或其他不连戏（与剧情不连续）的镜头。

然而，没有偶然，一切都是设计好的。镜头中的人物，不管是头还是身体都有一个动势，可以理解为运动的趋势，衔接镜头的设计必须符合动势，结合动势，考虑好每一个衔接镜头的前一个和下一个镜头是什么，做到与动势和谐统一，这样才不会显得突兀，真正做到过渡自然。

黑钻石曾拍过一部悠然山麓愿景片，先拍女主人浇花的镜头，接着就是主人倒茶的镜头，这就是相同元素的衔接；之后，拍了小孩在外面放风筝，男主人看到风筝在窗户外面飞，这也是相同元素的衔接。可以说，每一个衔接镜头都是设计好的，没有偶然。

▲ 图源 悠然山麓愿景片

音乐是一部影片中十分重要的元素，但也是极容易被忽略的一个要素，它是电影的重要组成部分，是诠释电影的纽带。好的电影音乐对整个影片起着至关重要的作用。1987 年的《红楼梦》在运用音乐方面几乎做到了极致，每次剧组大聚会基本是一场音乐会。

影视制作的基本流程是先创作剧本，剧本逻辑同频之后马上根据剧本寻找和创作相应的音乐。第一，文化属性要一致，古典、现代、流行、摇滚，不同的音乐类型匹配相应的情节。第二，音色一致，钢琴、小提琴、古筝等，可以变奏演绎，却不要变乐器演绎。另外，音乐与对白、旁白、音响效果等其他声音因素结合后，如与画面配合得当，能使观众在接受视觉形象时，补充和深化对影片的艺术感受。

音乐是十分重要也是极容易被忽略的工具

- 文化一致
- 音色相似
- 画面感足
- 情绪匹配

5. 执行—空紧松通—团队同频

执行层面的"策"其实就是把握好节奏。而这个节奏是前紧、中松、后通。

比如，黑钻石创作一部影片的过程中，通常会让相关的人员都讲述一遍自己对画面的了解，等到每个人都描述得差不多，做到"画面同频"时，黑钻石才开始设计并执行每一个镜头。可以说，这个阶段是非常紧凑、紧张的，但是也唯有如此才"磨刀不误砍柴工"。而拍摄的过程则要"松"，不能着急，只寻求最匹配的时间和场景。拍摄结束后，晚上无论多晚黑钻石员工都要开项目讨论会，讨论今天的拍摄成果、明天的拍摄计划和设备准备等，从而做到对整个影片掌握得非常"通透"。

通过这三个节奏，黑钻石培养出了一支团结、高效、心有灵犀的团队，这也是黑钻石的一笔巨大财富。

前紧　中松　后通

▲ 图源《盐道》创作花絮

▲ 图源《盐道》拍摄花絮

▲ 图源《盐道》杀青合影

▲ 图源《盐道》拍摄总结会

6. 交付—华丽亮相—价值同频

最后一个"策"是交付，"仪式"很重要！

让客户更好地体验仪式感是黑钻石那么重视开机仪式、首映礼、发布会等活动的原因。

甲乙双方共同在意的是影片的价值，于是黑钻石要再尽可能多地争取一些社会资源、政府资源及其他资源。所以，黑钻石一般会建议企业举办开机仪式，让更多的人认识到影片的价值，从而通过影片推动项目发展。黑钻石策划的《舞者》《丰台园》《玉堂酱园》《玉树》等影片的首映礼都非常成功地在影片这个重要工具基础上，延展了项目功能。

请记住一句话：与客户接触的每一个环节其实都是价值的一部分。

不要忽视呈现价值的最后环节

▲ 图源 鼎汉技术路演片首映礼

▲ 图源 青青藤乐学堂企业影片首映礼

▲ 图源 《盐道》开机仪式

▲ 图源 丰台园路演影像系统首映礼

九文制作
——文采飞扬

创作离不开文字，文字是文创当中最为基础、非常重要的一种表现媒介，是文创人的一门必修课。

那么，如何提高自己的文字表达能力？九文是从立意、逻辑、论据等九个方面来讲述其精髓所在。

九文

高瞻远瞩的立意	简练丰富的语言
严丝合缝的逻辑	节奏鲜明的韵律
旁征博引的论据	前呼后应的结构
具象震撼的数字	行云流水的成文
生动形象的类比	

1. 高瞻远瞩的立意

对于一部影片而言，若立意是错误的，那么这部影片的价值观也就站不住了。在路演影片中，黑钻石通常会采用"产业式"的方式，即用产业价值、产业发掘的形式来开篇。首先定位到一个相对较高的点位上，后续在讲故事的时候就会有非常好的顶层引导。

以当下很多企业的宣传片为例，当人们还是采用传统的开头手法，描述一家企业坐落在哪、占地多少、有多少员工时其实并没有把这家企业的价值放大，反而把企业的价值缩小了。但是如果在开篇影片展示的是企业的发展趋势、发展愿景，不仅展现了企业的实力，整部片子的意境也会比较宏大。所以，影片一定要立意高远。

比如黑钻石《北斗关爱平台》路演片开头篇的文案：

> 随着经济腾飞，中国大家庭结构也在悄然改变，老人和儿童问题随之日渐突出。据统计，3 亿儿童中每年遭遇意外伤害的儿童占 10%，其中 1% 死亡，4% 致残。而老人摔倒、老人走失、空巢老人去世数天不被发现等新闻常见诸报端。如何有效关爱儿童和老人等弱势群体成为整个社会乃至国家关注的重点。

> 李克强总理在 2016 年《政府工作报告》中明确指出："切实保障妇女、儿童、残疾人权益，加强对农村留守儿童和妇女、老人的关爱服务。"

> 依托政府主导、社会参与、全民关怀的机遇，北斗关爱平台应时而生……

▲ 图源 汽车同质配件路演片

逻辑是思想的规律，严丝合缝的逻辑意味着思想连贯。逻辑在语言组织和文案筹划中非常重要，如果缺少逻辑，就会显得影片过于跳跃、不合时宜甚至混乱。在商业运营层面，更要求逻辑的严谨性。

你了解多少事物的规律，你就会有多少种逻辑。

当我们体验了成长，就会有成长逻辑；当我们体验了创作，就会有创作逻辑；当我们体验了创业，就会有创业逻辑……而黑钻石的逻辑是在黑钻石创建、规范、发展、壮大、完善、突破、蝶变的过程中不断发展出来的，每一个过程也都对应着相应的成长逻辑。

所以，我们需要对每一个事物的规律都品读到位，这样才能写出逻辑性强的语言。

专注	做完	值钱	文化	吸引	呈现	尊重
坚持	做善	赚钱	团队	相信	实现	欣赏
创新	做美	投钱	系统	跟随	化现	合作

　　一篇文字其实是在传递一种观念，就像一篇论文中的论点是显而易见的，重要的是论据，所以提出什么样的论据能够让大家认可你的论点就非常重要，这需要导演用心准备。一个策划，一个导演，首先要知道应该去哪里找寻论据，哪些论据和论点一致，做到旁征博引。这需要我们具备搜商，即通过搜索引擎获取信息的能力商数。

　　如今，在信息爆炸的 21 世纪，面对被海量信息包围的困境，善用搜索成为高效获取信息、提高搜商的重要途径，搜商也被一部分人视为智商、情商之外人类在信息时代需要具备的第三种能力。所以，对于文创人来说，努力提高自己的搜商非常重要。

　　所以，在打扰别人之前，先问问"度娘"。

▲ 图源　凯利尔医疗科技产品片

▲ 图源　耐动免充轮胎产品片

在做一些商业路演影片的价值挖掘时，数字是无法回避的，也许从事艺术相关工作的人会对数字产生抵触心理，觉得数字太枯燥。但是当你真正读懂数据、能够进行数据转化的时候，你真正驾驭文字的能力就会显现出来。

黑钻石会通过文案去挖掘数字背后的价值，因为有的时候甲方给黑钻石数字的时候，并不知道这些数字如何转换。比如给丰台区做《变革》时，黑钻石就用每年纳税 25% 以上与只有 5% 的占地面积做了生动对比，突出了丰台区变革的力量。还有完成耐动轮胎项目过程中，黑钻石给出了实际数据来说明它的环保作用，非常具有震撼力。

▲ 图源《变革》

▲ 图源 耐动免充气轮胎产品片

5. 生动形象的类比

导演要能够把晦涩难懂的事情用简单明了的方式表现出来，这需要导演会运用打比方的方式进行类比，如果不会打比方，那么也就成了"哑巴导演"。

▲ 图源 汽车博物馆路演片

6. 简练丰富的语言

中国的文字和语言本身就是简练的，我们应当以东方文化有意境的语言来表现企业价值，减少西方式语言的运用。

▲ 图源 绿建国际路演片

7. 节奏鲜明的韵律

人是大自然的一部分，节奏感与韵律感是大自然植入人类心里的基本审美感受。

汉语既表音又表意，连缀成句组成文章使内容和形式都有了一种律动的节奏感。文章的节奏表现在两方面：内容的节奏与形式的节奏，也可以说是情感的节奏与语言的节奏。而语言的节奏则体现在韵律上，以诗歌为例，诗歌的长短句本身就讲究对仗、平仄、押韵，因此诗歌的节奏性非常强，读起来朗朗上口，娓娓动听，声声入耳。这种悦耳是韵律感的体现。

▲ 图源 融园美疗酒店项目路演片

8. 前后呼应的结构

为了使文章内容衔接紧凑，结构严谨，一篇文章中，前面提及的，中间或结尾要有交代；后面提到的，前面要有所铺垫，这种安排设计叫作"前后呼应"。前面提出问题，后面就要解决问题，甚至在解决问题后还要给出未来的愿景。

▲ 图源《盐道》

9. 行云流水的文字

整篇文字要如行云流水，读起来不重复，不生涩。

锦绣大地将以生态技术恢复自然　　　　以生物科技推动能源

▲ 图源 锦绣大地路演片

以上九点就是对文字的要求，如果一篇文章非常符合这九点的话，那么这一定是一篇高水准的文章。

黑钻石路演片案例
CASE

　　黑钻石的成长就是当下中国企业发展和蜕变的缩影，从产品经营到系统服务，从品牌建立到资本推动，从平台搭建到产业链条，黑钻石放眼世界，心系足下热土，走遍天下，相信世间始终梦想最好。

　　专注、坚持、创新，是黑钻石永恒的话题！

一带一路演，创业创新篇！

　　事业就是视野，黑钻石不仅跨越全国，更远赴美国、马来西亚、巴基斯坦拓展事业版图，到硅谷与好莱坞学习，获得克林顿与小布什的赞誉，到巴基斯坦路演，体验新产业。远行扩展着黑钻石的视野，也加强了黑钻石对自身的认知，征战的同时，黑钻石迎来众多企业及政府高度关注，它们纷纷派代表远赴品牌中心加持钻石能量。2015 年 4 月 18 日，黑钻石通过路演完成自身融资，开始资本远行，黑钻石的电影项目也陆续开启。

▲ 图源 黑钻石路演片

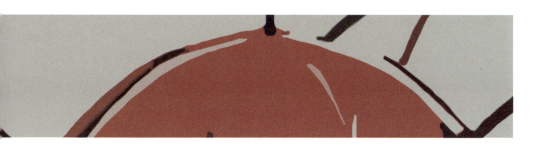

演绎城市与人的成长，具有人文精神的传媒机构

2016 年 5 月 27 日，《路演中国》新书举办盛大新书发布会，同时路演系列丛书已累计销售超过数十万册，这套具有产业指导意义的路演纲领之作正受到越来越多社会人士的肯定。一套符合时代发展的顶层设计，一幅适应路演型企业与城市发展的路线图，一系列展现企业价值的影片工具，理论与实践相结合、人文与商业平衡发展的路演系统使黑钻石成为路演产业发展的引领者与推动者。路演系列活动在全国范围内累计开办百余期，参与企业近 6000 余家，覆盖 20 余个核心城市。实战型资本活动"路演英雄"以其新颖的内容，极具价值的互动，使近百位路演英雄获得价值回报。

▲ 图源 黑钻石路演片

讲述中国故事，路演民族能量

黑钻石紧扣时代脉搏，用镜头为社会雕刻时光烙印。黑钻石通过原创的路演系统为两百余家企业演绎愿景，推出精品路演影片1200余部，促成企业融资近十亿元，助推企业走向资本市场（吉盛祥上海挂牌），黑钻石也不断在城市路演方面进行实践，为北京市丰台区，青海省玉树藏族自治州、海西蒙古族藏族自治州，马来西亚槟城市，巴基斯坦拉合尔等城市量身定制路演系统，促成丰台区引进国际石墨烯研究机构，青海三江源发展写入国务院政府工作报告，城市顶层设计、路演路线图等城市创新发展模式填补了资本时代城市商业服务领域空白。为北京国际企业孵化中心、北京赛欧科园科技孵化中心有限公司等国内众多知名孵化器与园区打造路演系统，使黑钻石被誉为路演孵化器的孵化器，从商业路演到城市价值，黑钻石正在用讲故事的方式让世界了解日新月异的中国。

黑钻石一路从荆棘坎坷无人问津，到顺畅如意掌声喝彩，无非就是专注、坚持、创新、再专注、再坚持、再创新！

当中国站在世界的十字街头，当城市面临互联网弯道超车的机会，当新常态与旧思想正面交锋，路演是掌舵者与先锋官的必需品，黑钻石期待在中华民族复兴之路上，讲好中国故事，演绎好中国梦！

黑钻石———记载梦想，雕刻时光！

▲ 图源 黑钻石路演片

十二拍
——镜头语言的艺术

画面是极为生动的语言，镜头是极为亲切的故事生成器。**所以讲故事的重点要放在充分利用镜头上。**镜头语言往往具有和剧情同样强大的力量。一个慢镜头就能制造震撼的效果，一个镜头的衔接、转场就能形成分篇的效果。

企业极有价值的部分是团队、科技、标准、创新、文化、品牌；而城市或国家极有价值的则是情感、愿景、英雄、历史、城市、故事。故黑钻石将其总结为"十二拍"。

语言是一种表达认识的思维方式，镜头语言就是表达对人情世故认识的艺术方式。

十二拍

拍：镜头语言——价值

情感拍笑与泪	大喜与大悲	悲喜交加	更显极致
团队拍齐与气	齐心与气氛	行动一致	恰如其分
科技拍想与像	想象与相像	基于事实	无中生有
标准拍规与程	规范与流程	严谨从容	一丝不苟
创新拍眼与手	眼神与创造	微妙变化	累积成新
愿景拍见与现	能见与清晰	看见未来	真实化现
文化拍仪与意	仪式与意义	人文呈现	精神升华
品牌拍印与痕	口碑与数字	心灵烙印	信仰图腾
英雄拍人与神	人性与神性	非同凡想	无法漠视
历史拍刹那间	瞬间与片段	凝固时刻	古今相连
城市拍细与节	细节与节奏	见微知著	张弛有度
故事拍矛与盾	观念与性格	制造悬念	激发情感

1. 情感拍笑与泪：大喜与大悲

纵观很多影视作品，观众会发现它们具有共性，那就是影片的情感越浓烈、越尖锐，越能给观众留下深刻印象，越能带来深层次思考。

黑钻石给元六鸿远拍宣传片时，拍完了前两个篇章后并不满意，总觉得影片缺少情感。于是黑钻石开始采访元六鸿远的创始人郑总。当时郑总已经 70 岁高龄，人生阅历非常丰富，也为这家企业历经磨难，面对镜头他非常动情，讲的第一句话就是"我好像一生的所有经历都是为了这家企业"，之后他回顾了自己的整个创业历程，当他提及自己的父亲、提到自己的女儿，悲喜交加，无法抑制地流下眼泪时，黑钻石的工作人员就知道这部分的内容没问题了。果然，增加这部分内容后，影片顿时拥有了感染力，不仅仅是一部表现企业价值的影片，更是一部呈现实业报国的企业家精神的作品。

所以，情感拍笑与泪，影片中悲喜交加，更显极致。

有这样一则故事：男女主人公相爱，但是迫于家庭原因分开，男主人公一气之下投身战场。女主人公结婚那天，这边在喜气洋洋地一拜天地，那边却是男主人公在战场上浴血奋战，两个场面的镜头交叉剪辑，大喜与大悲就这么赤裸裸地展现在观众面前，观众怎能不动容？

但是大喜与大悲到底在哪儿？这就需要我们去研究了，我们必须深入影片的每一个人物的感情线，进行实地采访、收集、挖掘，最终运用最恰当的镜头语言将情感呈现出来。

悲喜交加 更显极致

▲ 图源 《信念的力量 II》

2. 团队拍齐与气：齐心与气氛

团队拍摄最重要的就是齐与气。齐是齐心、整齐，气就是气氛、气势，也就是说大家要行动一致，恰如其分。

气势很好拍，动作整齐划一就可以了。那么齐心如何拍呢？心是极难捉摸和表现的东西，有时候我们可以借助一些超现实主义的手法。比如，黑钻石在拍摄《草原梦》这部影片时，为了表现大家的齐心，选择了大家一起迎着朝阳向前走的画面。通过这个画面观众可以看到大家的方向是一致的，愿景是一致的，整个画面沐浴在金黄色的阳光中，有着很好的寓意。我们还可以从企业团队成员之间的物件传递，一起为一件事情讨论最终拥有一致的看法，来展现这个团队的默契程度，把握好这样的画面就可以拍出团队的齐与气。

▲ 图源 美赢东方ZFC路演片 拍摄花絮

▲ 图源 元六鸿远《家国梦》

团队拍齐与气
齐心与气氛

行动一致
恰如其分

拍摄科技画面则应当突出科技感，让想象出于画面。然而这些科技感不是凭空捏造的，它是基于事实的无中生有。

影片《变革》里有两个镜头展现了科技人员研发时的画面，黑钻石设计了他们的人物身份——刚毕业的学生，从事航空航天体控操作系统的研发，这样演员也就很自然地明白了自己的无道具动作。

所以，拍科技就是在拍想与像，想象与相像，但你的想象是基于事实的一种未来发展趋势，这样你的特效镜头在影片里才不会不知所云。

▲ 图源《变革》

科技拍想与像
想象与相像

**基于事实
无中生有**

4. 标准拍规与程：规范与流程

假如一家企业现在要去申请 ISO 9000 质量体系认证，它要给别人看的是什么？规范与流程。ISO 9000 要的就是你的工作流程，因为严谨从容、一丝不苟的工作流程可以保证企业的品质控制。而生产作为一项企业的硬实力，整洁是基本标准，规范则是进一步的价值提炼，在影片中值得凸显。

《家国梦》表现的就是元六鸿远这样一家拥有世界级电容器生产技术的科技企业。黑钻石团队深入其生产车间，将其生产流程清晰展现，影片将助推其踏上 IPO（首次公开募股）道路。画面里的企业规范与严谨无须多言，一目了然。

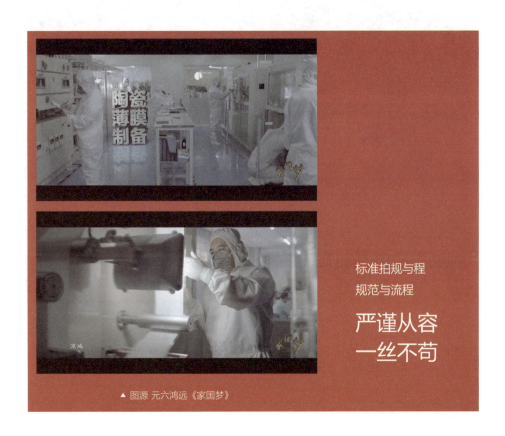

标准拍规与程
规范与流程

严谨从容
一丝不苟

▲ 图源 元六鸿远《家国梦》

由于创新是由思想主导的，所以表现创新时应当表现思想的新颖性。然而思想是抽象的，无法具现于画面中。这时，窗口作为心灵的眼睛很仔细地看一个又一个元器件也好，一组又一组研发数据也好，手再挨个挑选，进行调整这些微妙变化可以积累成新，所以拍创新时应拍眼与手，在展现创新的画面上可以着重展现眼与手。

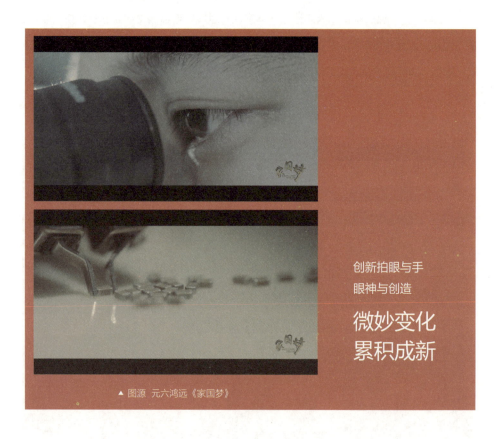

创新拍眼与手
眼神与创造

微妙变化
累积成新

▲ 图源 元六鸿远《家国梦》

企业的愿景作为企业文化中十分重要的一部分，是企业未来发展的总方向，也是企业一切工作、生产的目标。这部分场景的拍摄需要以唯美、健康的正能量画面为主基调，清晰地让相关利益方看见企业愿景。

岭南国医小镇路演片表现的是以中草药博物馆和中草药栽培生产为核心的特色小镇项目，在大规模开发前，该项目就通过影片把顶层设计图与未来会带来的美好画面呈现了出来，这对促成本项目的深度设计与合作起到了至关重要的作用。

所以，拍愿景，最重要的是能够看见未来，真实化现。

▲ 图源 岭南国医小镇路演片

愿景拍见与现
能见与清晰

看见未来
真实化现

▲ 图源 基础美产品片

　　仪式是文化的终极，如果想要表现一个国家、一个城市、一个企业，我们要去捕捉它们蕴含的仪式感，人们通过春节、中秋、端午、重阳这些节日里所蕴含的仪式感就能品读出中国的文化在哪里，是什么。城市的风筝节、啤酒节、服装节、电影节、庆典等也可以强化这个城市的产业文化。企业在周年庆、尾牙、员工转正、签约仪式等活动中所体现出来的气质就代表了这个企业的文化。泡的一杯茶，喝的一瓶酒，床头放的一本书等，这些下意识的动作也代表了这个人身上所蕴含的文化属性。

　　电影《红高粱》里面就有很多的关于传统文化的仪式感。比如大家在烧酒锅前举行祭酒仪式，具有很强的写意性。从这个仪式中，我们感受到的是一种对祖先崇拜的原始文化，是一种传统的信义文化，是一种张扬的酒神文化，同时也是一种赋予人们归属感的地方认同文化。看过祭酒仪式之后，你会对这群汉子肃然起敬。可以说影片中，很多仪式场面融抒情与写实、写意于一炉，人文呈现，精神升华，充分发挥了电影的独特魅力。

　　▲ 图源 零工社区路演片

　　▲ 图源 元六鸿远《家国梦》

文化拍仪与意
仪式与意义
人文呈现
精神升华

当大家走进黑钻石时都会看到两句话：品牌，心灵的烙印，文化，信仰的图腾。品牌影响力有多大，就看它在别人心中的烙印有多深。什么叫印？就是口碑，就是数字，黑钻石有时会进行大量市场反馈采访，采访里面也会涉及非常多的数据，黑钻石会巧妙地运用这些数据来说明企业的价值。

品牌拍印与痕
口碑与数字

心灵烙印
信仰图腾

▲ 图源 北京中小创投引导基金价值片《蝶变》

英雄的拍摄也是人物拍摄之一。英雄怎么拍？就是拍人性和神性。当人性和神性很好地结合在一起的时候，英雄才更加丰富和立体。英雄也有恐惧，但是英雄可以克服恐惧。如果拍一个无敌的英雄，你就觉得他不是真实的人，你要拍出英雄也有弱点，但是他可以克服一切困难，做出非同凡响的事情，他可以成为无法被漠视的人，这才是真正的英雄。

英雄拍人与神

人性与神性

**非同凡想
无法漠视**

▲ 图源 《舞者》

历史往往是厚重的，而厚重的历史中，某个精彩的瞬间，比如一个重大转折点、一句改变命运的话、一段关于生死的感情戏才是观众喜闻乐见的东西。如果单单将一个故事从头到尾讲述出来，只能算是流水账，或者是简化版的纪录片。历史其实就是无数刹那的凝缩，拍瞬间和片段就可以。

黑钻石曾拍摄一部名为《玉堂酱园》的影片，和《盐道》一样，黑钻石用五分钟时间凝缩了玉堂酱园三百年的历史，其中都是一些非常有代表性的大事件，黑钻石运用一些经典瞬间和片段，就可以做到古今相连，以古喻今。

历史拍刹那间
瞬间与片段

凝固时刻
古今相连

▲ 图源 《玉堂酱园》

城市的体量很大，与商业路演、故事创作都不同，但我们可以换一个思路，城市也是有自己的性格和形象的，这点在《路演中国》一书里有详尽阐述，所以只要把握住城市的秉性与节奏就能创作出精准的镜头，越是大而全的事物，越是需要从细节入手，清晨的奔跑、共享的单车、流动的人群、胡同里的谈笑、地铁里的拥挤，这些就是城市的味道与节奏。所以城市的拍摄需要见微知著，张弛有度。

《变革》是黑钻石为丰台区在拍摄的路演三部曲之一，整体画面中既有让人放松下来的咖啡馆，又有快节奏的车流、人流，正是这些画面交替组合，把北京市丰台区的历史和时尚完美结合，展示了城市的多面性。

城市拍细与节

细节与节奏

见微知著
张弛有度

▲ 图源《变革》

好的故事往往一波三折，所以故事要拍矛与盾。矛盾是怎么产生的？就两点，一个是观念不同，另一个是性格不合。你觉得他是好人，我觉得他是坏人；我觉得这件事好，他觉得这件事不好，两个人的观念不一致，矛盾就产生了。或者，我快一点，他慢一点，性格不合拍，也会产生矛盾。所以这也是拍故事需要抓住的十分重要的点，即回到电影的本质，激发情感。

你好

故事拍矛与盾
观念与性格

**制造悬念
激发情感**

▲ 图源 《我的路演》

七剪
——筛选的艺术

一部影片创意及方案定稿，素材拍摄完毕后就需要后期团队制作。在黑钻石，后期制作团队的剪辑风格千变万化，但是大体创作思路可归纳为七点。

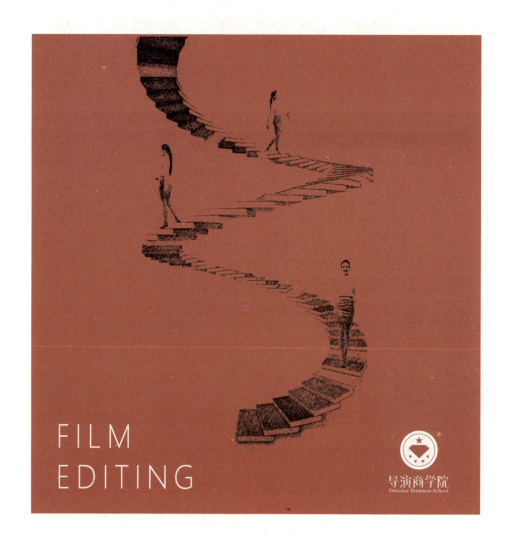

FILM
EDITING

七剪

剪：剪辑

剪结构	定义格局	统揽全片	思路分明	因果呼应
剪画面	光形色声	相似连贯	快慢变速	超越现实
剪旁白	辅助视听	提供信息	匹配情绪	移情代入
剪音乐	以音定景	以乐酌情	选择精准	事半功倍
剪价值	句句故事	字字珠玑	镜镜真诚	人人加持
剪观念	哲学语句	关键态度	反衬元素	决策判断
剪精神	精形于气	神形于质	点滴细节	皆为能量

以黑钻石的玛戈隆特路演片为例。在剪辑的时候，黑钻石首先确定了整部影片的格局，然后把影片分成三个篇章：第一篇"瓷"篇，讲述瓷器的历史；第二篇"融"篇讲述东西方文化交融；第三篇讲玛戈隆特企业的发展"奇迹"，玛戈隆特翻译过来就是奇迹之意。影片整体格局明确之后工作人员才开始剪辑。而吉盛祥的影片黑钻石也是这样创作出来的，先定义三大内容板块——茶道、商道、心道，再根据板块内容汇集、剪辑镜头。

所以，定义好格局就可以做到统揽全片、思路分明、因果呼应。

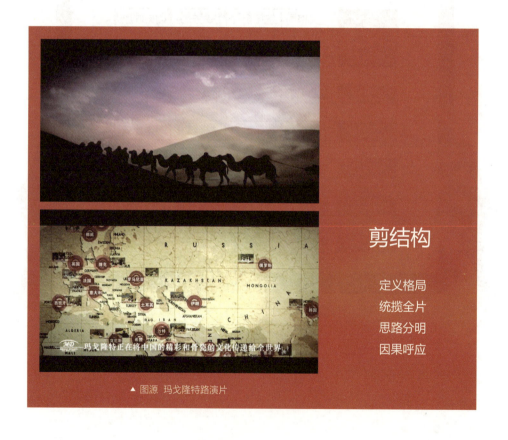

剪结构

定义格局
统揽全片
思路分明
因果呼应

▲ 图源 玛戈隆特路演片

2. 剪画面：光形色声，相似连贯，快慢变速，超越现实

剪画面和前面六策中的创意衔接有异曲同工之妙。而画面的剪辑技巧则在于光形色声，相似连贯，快慢变速，超越现实。

"光形声色，相似连贯"很好理解，若画面跳跃过度，前后情节衔接不当，剧情就没有了连贯性，观众也会云里雾里。

那何为"快慢变速，超越现实"？

在很多影片中观众经常可以看到导演运用一些快慢镜头去强调节奏感，比如，将镜头放快，表现城市的川流不息；将一个细节的镜头放慢，表现一种力量和优雅，这种快慢变化往往会让观众感觉超越了现实。

▲ 图源《变革》

3. 剪旁白：辅助视听，提供信息，匹配情绪，移情代入

首先我们要理解旁白和画面到底是如何匹配的。

旁白是辅助视听、提供信息的，既然是辅助视听，就说明影片的画面可能在某些地方信息量不够，才用旁白的方式进行补充，如果画面的信息量充分，是不需要使用旁白的。但是很多人不理解这个道理，总是希望在自己的影片里能有更多旁白，殊不知过多的旁白反而会削弱影片的表现力。在电影界也有这样一种现象，没有旁白、台词少的电影往往更"高级"。当然，商业路演影片不等同于电影，路演影片的内容无法全部运用画面、故事来详细呈现，这个时候旁白就很重要了。

另外，旁白需要匹配相应的情绪，能够将观众情绪、情感很好地代入到影片当中。

所以，在剪辑旁白的时候，我们要充分理解旁白的作用，然后再根据整体画面需要进行剪辑。

▲ 图源 鼎汉技术纪录片

剪旁白 辅助视听 提供信息 匹配情绪 移情代入

4. 剪音乐：以音定景，以乐酌情，选择精准，事半功倍

音乐在调整影片节奏的同时，还能体现导演的意图，当音乐响起，影片就已经超越了记录功能，开始在情感层面深入。我们听到风声、水声、鸟叫、蝉鸣就知道这是在森林里的故事，马蹄声、马头琴、火焰燃烧声、呐喊声让我们想到这也许是在草原上发生的故事，这就是以音定景，用各种自然效果呈现出故事发生地的特征。

黑钻石拍摄的悠然山麓愿景片就融合了同期声和自然音效，描绘出来一个个优美场景和清新自然的世界。

剪音乐除了以音定景外，还需以乐酌情。音乐也是情感、情绪抒发的一种方式，不同的音乐表现了不同的情绪，观众可以通过音乐来品读画面情感。

所以这要求工作人员剪辑的时候一定要做到选择精准，不仅要斟酌音乐是否与画面语言及主题相匹配，还要充分考虑到人们的情感窗口期，过度使用音乐会让人厌烦，要懂得大音希声的道理，把握好音乐时长，这样才能事半功倍。

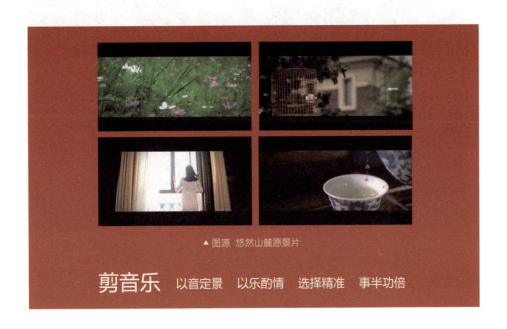

▲ 图源 悠然山麓愿景片

剪音乐 以音定景 以乐酌情 选择精准 事半功倍

要想用一部影片把整个城市的风景、民俗、人文、情怀都展示得面面俱到是不可能的，同样想用短短的几分钟或十几分钟的路演片完全展示出企业的价值也是不可能的。但我们要最大化呈现企业价值，善用每一秒，每一镜，使其超越影片本身功能。运用社会的见证来反证自身价值与成长是一种比较普遍的方式，但在我们采集了大量素材后，如何精选内容是个学问。找到一句话的故事，找最真诚的表达，从每一个词、句入手，没有空话、大话、废话，力求做到句句故事，字字珠玑，镜镜真诚，人人加持。

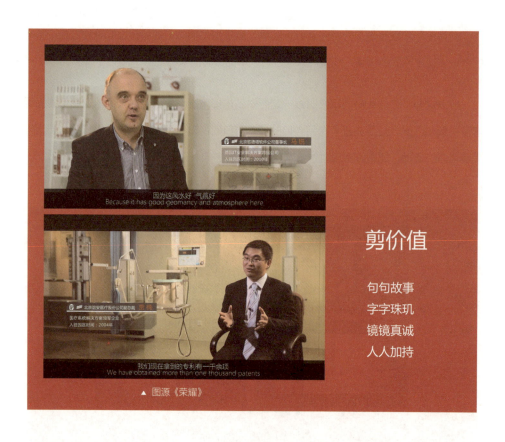

剪价值

句句故事
字字珠玑
镜镜真诚
人人加持

▲ 图源《荣耀》

6. 剪观念：哲学语句，关键态度，反衬元素，决策判断

我们在采访和剪辑的时候，常常需要把商业观念呈现出来。那这些观念存在于哪里？这些观念一般藏在富有哲学意味的语句当中，一些关键时期的企业态度、一些和其对立的反衬元素及一些重大的决策判断中。

比如，吉盛祥的路演片里，李总的"我能听到茶的声音，我活着的意义，感谢所有的人"就非常具有哲学意味，表明了自己的观点。同时，他通过做茶来修炼自己，体验人生。这就是他的态度，是他的决策和判断。这些都是影片中非常精彩的内容。

所以在后期剪辑的时候工作人员要特别注意涉及以上要素的场景和话语。

▲ 图源 鼎汉技术纪录片

▲ 图源 吉盛祥路演系统影片案例片

剪观念

哲学语句
关键态度
反衬元素
决策判断

精神，精形于气，神形于质，精神是由点滴气质汇集而成的，而气质就蕴含在不同层次镜头的铺垫当中。

编剧学里有一个词叫关键道具，指某个道具从头到尾贯穿出现，对故事起到推波助澜的作用。关键道具里也蕴含着故事的精神气质。

以黑钻石影片《舞者》为例。

《舞者》讲述的是一个非常简单的故事，主演张晓晖女士将自己真实的创业故事和人生经历融入影片，一位创业者的辛酸和荣耀得以在银幕上重现。而黑钻石是如何展现其中的励志精神的？细节。比如在影片中有三次对雕塑的特写，每一次特写的意义都不一样，分别代表着梦想的化身、梦想的坚持和梦想的实现。而教授聋哑女孩小娜舞蹈是一部重头戏，影片用很多打手势、写纸条、敲打地面、灯光节奏等细节来描绘这一极其艰辛的过程，这些细节让这部微电影有了独特的气质，给商业注入了一股巨大的文化能量。

以上这些技术层面的内容可以总结为"六九七十二"，且每一点都不是相互独立的，它们相生互动、相互影响，考验的是导演在实际操作层面的整合能力。

▲ 图源 《舞者》

剪精神 精形于气 神形于质 点滴细节 皆为能量

当然，身为文创导演，有了技术层面的指挥和整合能力还不够，导演还需要有认知层面的指挥和整合能力，因为导演要驾驭的不仅仅是一个艺术作品，更是整个商业内容。

有了这样的认知，加上"六九七十二"技法的运用，大家可以感受到黑钻石风格的影片和传统宣传片的八个区别。

黑钻石影片与传统宣传片的八个区别

从地域开篇到产业开篇

从介绍内容到阐述价值

从文化极端到感觉平衡

从重视过程到呈现结果

从描述事实到情感激发

从梦想假大空到愿景真善美

从商业工具到商业艺术

从尴尬到欣赏

未来文创领域的领袖需要学会的三件事

团结人 → 参与事 → 找资本

创作合伙人 → 文创人才教育 → 文创孵化

导演商学院
Director Business School

2012-2013年导演商学院首届校友会暨导演乐涵新书创始仪式

（1）**从地域开篇到产业开篇**。传统影片往往从地域入手，而黑钻石则是以产业开篇，更具意境和意义。

（2）**从介绍内容到阐述价值**。传统影片是在介绍企业内容，比如企业的历史沿革、业务范围等，但黑钻石的影片是在提炼内容的基础上，阐述企业商业价值。

（3）**从文化极端到感觉平衡**。很多路演影片给人的感觉非常极端，要么非常励志，成功学意味太浓；要么非常理性，毫无情感波澜，索然无味，观众观看的过程难免产生抵触心理。黑钻石影片有"科学"有故事，有理性有感性，但是一切又都刚刚好，做到了感觉平衡。

（4）**从重视过程到呈现结果**。很多商业路演片特别是科技行业的路演片，恨不得将企业的研发流程、操作系统全都展现出来。其实，对消费者来讲，他们关心的不是过程而是结果，直接呈现结果反而更好。

（5）**从描述事实到激发情感**。影片的作用是带动情绪，比如带动消费情绪，带动团队情绪，激发投资欲望，它真正的着力点不在于描述事实（事实要更多依赖财务法务等来完成），而在于如何激发人们的情感。

（6）**从梦想假大空到愿景真善美**。不要用假话、空话、大话来描述梦想这么宝贵的事物，而要运用镜头将梦想变成有能见度、清晰度的愿景。

（7）**从商业工具到商业艺术**。当商业价值充分呈现后，我们也要丰富其光影音色等影视基本要素，让看影片成为一种享受，让播放影片的过程成为商业与艺术平衡的体验。

（8）**从尴尬到欣赏**。当你把影片变成一种商业艺术时，无论何种场合、何种境地向任何人展示影片都将不再尴尬，而是一种欣赏。它代表的不仅是必要的商业信息，它还呈现着你的审美、世界观，乃至文化素养，这才是中国商业最终能够走向世界的核心竞争力。

未来文创领域的领袖需要学会以下这三件事。

（1）**团结人**。团结人就是组建创作合伙人的过程，把有共同的创作理念、创作水平的人团结在一起，组成企业的创作团队。

（2）**参与事**。实践出真知，参与事就是真真实实地参与到具体的文创工作当中，通过参与这些事情，分享知识，积累经验。其实这也是文创人才教育的过程。大家不必觉得"教会徒弟饿死师傅"，只有人优秀了，企业才能更优秀，正如导演商学院之于黑钻石。

（3）**找资本**。找资本就是我们要学会通过资本的方式让自己快速成长，让企业成功孵化。资本可以解决大部分市场问题，市场可以解决大部分管理问题，而这个过程则是运用高维度的思维解决低维度的事。

拥有了以上的行业认识框架，黑钻石便开始着手打造自己的路演概念整合网络。

笔者一直觉得导演如树：

树需从土里汲取养分，从自己的经验、积累以及能力中获得成长力量；导演要有吸引人的能力，胸怀锦绣，口吐珠玑，木秀于林，飞鸟爬虫才来安家。

树木懂得趋利避害，夏天广布绿叶，秋天散播果实，冬天积蓄力量；导演要品读人的七情六欲，懂得因人而异，对症下药。

树木有敏锐洞察力，哪里阳光充足、哪里水分多就向哪里扎根、生长，不仅靠自身来吸取养分，还依靠吸引来的飞鸟爬虫带来的养分生长；企业也需要不断从外界引入资金。

导演还必须是一位演绎者，能将愿景落地，让价值发生，他是演员，也是制片，能剪辑；导演让不同的系统发生交响，摇曳每一片树叶，奏出自然和谐的交响曲。

这是一位导演应当具备的能力素质：会编剧、可度情、精评析、创观念、能跨界、善整合。诚如黑钻石的导演偈语：千古文章一梦言，洞察秋毫似清泉。妙法奇念应无价，愿者百变成半仙。凝思度情必同船，倜傥若定江湖现。导尽人间曲折路，演遍世事笑谈间。

导演篇

指挥者	系统交响力	善整合
策划者	原创开发力	创观念
演绎者	角色转换力	能跨界
通透者	事物洞察力	精评析
洞明者	思想品读力	可度情
造梦者	画面描述力	会编剧

钻石偈语

导演

千古文章一梦言，

洞察秋毫似清泉。

妙法奇念应无价，

愿者百变成半仙。

凝思度情必同船，

倜傥若定江湖现。

导尽人间曲折路，

演遍世事笑谈间。

导演篇心得

对一件事情的认知往往决定了这个人的一生。

而事物总会不断发展、变化，

往往以螺旋式上升的形式和规律呈现出来。

找到推动事物发展变化的螺旋 DNA（脱氧核糖核酸），

就是自我认知的开始。

认知篇

——一种螺旋 DNA

〖认知篇之批语〗

花半秒钟就看透事物本质的人，
和花一辈子都看不清事物本质的人，
注定是截然不同的命运。

——《教父》

认知是成就一切事物的基础。

认知事物的本质是所有人都梦寐以求的能力。如何做到呢？

假如，我们尝试去理解何为"智慧"，那么我们如何达到对"智慧"认知呢？

"智"上面是一个"知"字，所以智者需要有更多的知识储备；"智"的下面是一个"日"字，"日"为太阳，意味着知识要拿到外面"秀一秀"。有知识而且愿意去表现是为智。"慧"字上面是两个"丰"字，非常丰盈、饱满。但它的中间是"归"字的右半边，下面是一个"心"字，所以，非常多的知识也好，体验也好，最终都是要回归到自己的内心，沉淀夯实。这一内一外，一秀一藏，结合在一起才叫智慧，并不是聪明就叫智慧，智慧需要内外兼修，光有慧没有智，则失去延展的活力，光有智没有慧，则人生无法拥有足够的深度。

所以，通过这样的解析，我们可以形成对智慧的新认知：

展露于外在的才华，回归到内心的丰盈。

THE BEGINNING

找到推动事物发展变化的螺旋DNA

也就是自我认知的开始

导演商学院
Director Business School

认知就是找到事物发展的螺旋 DNA。

螺旋结构是自然界十分普遍的一种结构，软体动物的蜗壳、食草动物的兽角，甚至人体的耳蜗结构、四肢骨骼、连接胎盘的脐带、运输胆汁的胆囊管等都是这种结构。非生命体也存在着大量的螺旋结构，比如宇宙大爆炸形成的旋涡星云、龙卷风、水流漩涡等。

为何大自然对这种结构如此偏爱呢？因为它蕴含着事物运行与发展的规律。

螺类动物的螺旋生长反映了它们的生长迟滞规律；攀援植物通过螺旋缠绕在获得光线和空气的同时尽可能少地消耗有机物；人体内的脐带、胆囊管等螺旋管状组织担负着机体养分吸收、循环与排泄的使命；非生命体的螺旋则均是各种引力相互作用产生的⋯⋯

所以，螺旋代表了事物运行与发展的规律，也是我们所要认知的事物的本质。而事物发展的各个要素则是构成事物发展变化的"基因"，为此笔者把它们统称为螺旋 DNA，不同的事物将对应不同的螺旋 DNA。当我们能够找到、把握这些螺旋 DNA，并加以总结、积累、沉淀时，我们才能够真正获得人生智慧，从而激励自己不断地超越自我，完成自我成长。

这就是螺旋式上升。

1

财富的螺旋 DNA

案例、经历、能力

财富的螺旋DNA

能力 ← 经历 ← 案例

从容 ← 成熟 ← 信心

财富不单单关乎我们的衣食住行，也关乎我们的精神层面，人生创造的价值越高，对人类的文明进步贡献才有可能越大。

那么多的经历和案例构成了笔者事业的基础，也是笔者在事业领域最大的财富。

1. 财富螺旋的基础——案例

很多创业者经常会问笔者这个问题："我们公司员工很少，人员没什么经验，公司也没有多少资金，现在到底做什么是最重要的？"笔者每次都回答："做作品。"**唯有作品才能证明自己，唯有案例才富有说服力。**

黑钻石发展至今，已经积累了非常多的成功案例，这些案例见证了黑钻石的成长，是黑钻石能力的展现，客户看到这些案例后能对黑钻石放心、安心，这些案例也让黑钻石越来越有信心去做好每一件事，它们是黑钻石最为重要的一笔财富。所以，案例是财富螺旋里的第一个 DNA，是财富螺旋发展的基础。

2. 财富螺旋的上升——经历

经历是成熟的砝码，判断一个人是否成熟与从容，就要看他经历事情的大与小、多与少。

笔者在给很多创业者分享经验时常常会告诉他们："我很在意知行合一的力量，即知道了就去行动，行动了才是真正知道，所以知就包含了行，行也带来了知，这就是对经历是一笔财富的最好注解。"**光说知道不去行动，就是未获真知，行动了但不总结提炼，也不完整。**

经历无法复制粘贴，它的独特魅力就在于给人的精神世界增添了一笔笔财富，增长人的见识，这种财富在不断积累中展现出不可替代性。

当案例和经历积累到一定程度，最直观的结果就是我们的能力得到了显著提升。

这种能力的获得不仅仅来源于知识积累，更重要的是驾驭知识，将理性和行动结合在一起的过程。

这是一种技能，也是一种心态，能力越强，我们面对事业或人生就可以越从容。

财富的积累就是案例、经历和能力不断循环的过程，而其带来的信心、成熟和从容更是一种无形的力量，这些对笔者来说也是最为宝贵的。

对于企业来说，资本和品牌是其最直接的财富体现。黑钻石的成长并不是一帆风顺的，发展期间历经了诸多的挑战和磨难，如今诸如《盐道》《舞者》《草原梦》等影片都成了黑钻石引以为傲的案例，成就了黑钻石的品牌，给企业的发展注入了巨大的信心能量。

案例、经历带来能力，有了能力能让我们再做出更多更好的案例，有了案例可以再将其沉淀为更好的经历，再次形成更强的能力，这就是财富的螺旋式上升。

对财富的认知决定了一个人的格局，而格局又影响他对财富的捕捉能力。希望以上内容能给大家带来新的思考、新的财富。

学习的螺旋 DNA

学过、学会、能用

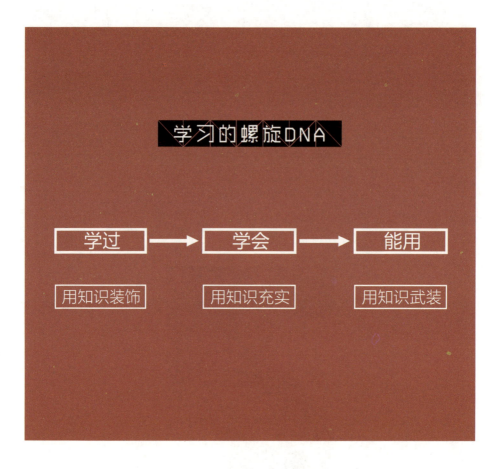

不管是古人的"学海无涯""博观而约取，厚积而薄发"，还是"十八大"以来，习近平总书记多次提出要与时俱进，用学习克服"本领恐慌"，从古至今"学习"二字从未退出过人们的视线，甚至成为了人人必备的一种能力，更出现了一个专有名词"学习力"。

人们对学习力的定义是这样的：它主要包含了学习动力、学习毅力和学习能力三要素，是指一个人或一个企业、一个组织学习的动力、毅力和能力的综合体现，也是一种把知识资源转化为知识资本的能力。

可见学习力不仅仅是一种能力那么简单，它是一个成长过程，是一门有规律的科学，笔者将其概括为"学习的螺旋DNA"——学过、学会、能用。

1. 学习螺旋的起步——学过

刚开始工作时，我们常常会这样介绍自己："我毕业于清华大学""我是来自北京大学的研究生……"为什么要强调院校、强调文凭，因为它代表着你的知识储备，你正在借着曾经学过的知识装饰自己，展现你的价值。

这是学习力的起步，它不仅包含一个人或一家企业的知识量，即学习内容的宽广程度和开放程度，也包含知识质量，即学习者的综合素质、学习效率和学习品质。

2. 学习螺旋的成长——学会

职场瞬息万变，社会日新月异，谁也无法保证曾经的知识足够支撑起我们的生活和梦想，这就需要我们从"装饰"阶段进入"充实"阶段，不断学习新的知识，探索新的领域，并学会它们。

所以，学习力还包含学习流量，即学习的速度与吸纳、扩充知识的能力。

3. 学习螺旋的终极体现——能用

不管是学过也好，学会也好，学习力中更重要的是知识增量，即学习成果的创新程度以及学习者把知识转化为价值的程度。通俗地讲就是"学以致用"，不然一个人拥有再多本领也是"纸上谈兵"，没有价值。这就要求我们必须时刻用知识武装自己，做到随时随地"整装待发"。

当知识到达了"能用"的阶段，你便会进入新的领域，这也往往意味着新一轮学习的开始，自此学习螺旋盘旋上升。

其实以上三个 DNA 也可以用很通俗的手法来类比：将知识看作水，学习的过程就是洗澡、喝水、变成葫芦娃的过程。

洗澡相当于对自己"润色"，不致让自己太干枯、难看；当"润色"完毕，外表光鲜亮丽后，则需要学会喝水，让身体吸收充足的水分，让自己的内在也"滋润"起来；当整个人由内而外地拥有充足的水分后，我们就要变身为葫芦娃，化水为己用，向外释放水分，该浇花浇花，该杀妖精杀妖精，同时还得继续修炼，争取将水运用得更加自如。

曾经网上有一篇很火的文章强调个人如何通过学习把自己改造得更加强大，更适应社会和时代的发展潮流，里面有一句话是这样的：未来，一个人拥有背景、学历、资源、人脉、资历是不足以让自己成为社会上的精英分子、行业翘楚的，更重要的是要拥有知识、创新、独立、个性与理想。

"知识、创新、独立、个性、理想"这十个字，大家都认识，但这十个字的内涵恐怕不是所有人能理解的了。很多人认为自己已经大学甚至研究生毕业了，难道还算不上是有知识的人吗？诚然，这算得上是"知识分子"了，但问题的关键是我们能否意识到，我们在大学里曾经学到的知识能不能派上用场，即使派上了用场，还会面临知识更新的问题，并不是说一个人读完大学以后，就可以一劳永逸地胜任任何工作。知识是在不断更新的，一个人在大学里曾经获得的知识，仅仅是基础知识而已，就像一座大厦的根基，而大厦的楼层还需要不断添砖加瓦——不断学习新的知识——这样才能建成一座大厦。

路演的螺旋 DNA

做仪式、讲故事、传能量

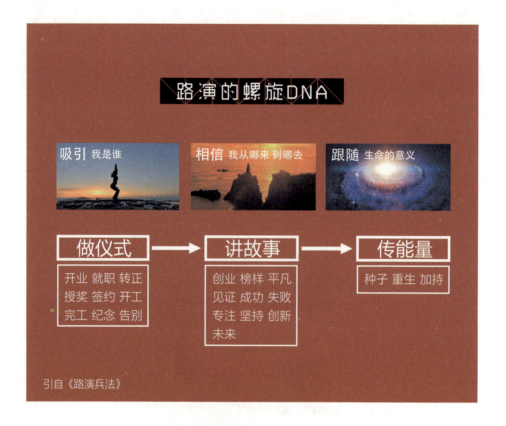

引自《路演兵法》

能力诚可贵，项目价更高，若问谁重要——当然是让投资人知道最重要。

商业是很理性的，不管我们展现出多么了不起的能力，但是无法吸引投资，就是"不专业"的。而要吸引投资，就需要"路演自己"。总体来讲，企业首先要能够吸引市场的注意力，然后引领投资者相信自己的实力，最后让投资者跟随自己一同发展。这就是路演的实质。

当今，**路演伴随着企业全生命周期，从人才吸引到产品推广，从品牌传播到市场开拓，从资本对接到挂牌上市，它既是入口也是出口更是风口，路演是企业的必修课。**

同时，路演还是社会学和心理学的综合体，更多考量的是投融双方的心力博弈，所以笔者认为很多关于心理的知识完全可以应用在路演上面。

路演

路演
伴随着企业全生命周期
从人才吸引到产品推广
从品牌传播到市场开拓
从资本对接到挂牌上市
它既是入口也是出口更是风口
路演是企业的必修课

1. 路演螺旋的吸引法则——做仪式

大家如果在百度上搜索"黑钻石"三个字，往往会搜到这样的信息："IBI 众创空间与黑钻石众创空间合作仪式与揭牌仪式""《路演中国》举办盛大新书发布仪式 黑钻石开启城市路演新常态""《盐道》于 6 月 20 日举行开机仪式"……

为什么黑钻石如此重视仪式？因为仪式的形式感足够吸引人的眼球。从内容层面上看，仪式是一种"动态"的直观展示"你是谁"的过程，人们通过参与仪式，会对"你"产生直观、立体的印象，更能够了解你、认同你；从信息传播的效果看，仪式比一般随意性的行为更有记忆效果。人们会由于广告中与产品相关联的微妙仪式而对作品、产品感到亲切，消费者会随着时间推移，习惯于看到作品、产品和它们附带的特殊仪式；从应用层面上看，仪式在文化传播和国家形象传播等方面的作用越来越受到重视，2008 年北京奥运会开幕式和 2010 年上海世博会开幕式都是传播中国国家形象的盛大仪式。

所以，开业、就职、转正、授奖、签约、开工、完工、纪念、告别都可以成为一种讲述"自我"、吸引他人的路演仪式。

2. 路演螺旋的信任法则——讲故事

吸引人注意之后如何让市场深信你和企业的潜力？讲故事！讲清楚"我从哪里来，到哪里去"。

每年黑钻石都会创作很多自己的影片，做媒体宣传。这么多部影片一共分九类：黑钻石能量系列、《路演兵法》系列、《路演英雄》系列、黑钻石年会系列、商学院系列、项目纪录片、生日系列、经典项目案例和每个月定期组织的新闻回顾。

有人认为，一家影视公司给客户做好影片就算成功，为什么黑钻石要花费那么多精力为自己做影片呢？

一家企业的成功之路就好比一个人的成长之路，在不同的时间节点上有不同的特征，要担负不同的任务，讲述不同的故事。黑钻石的"九大系列"成为了企业先锋，它们告诉大家黑钻石的成长、黑钻石的实力、黑钻石塑造和展现的价值以及黑钻石未来的发展空间和愿景，以此让大家足够信任黑钻石。

很多东西企业现在没做，未来有可能做，但是路演时要展示出来，让投资人、让企业员工知道未来有可能向这些方面发展，明白企业的发展方向，企业现在的实力。

信任是所有逻辑的开始。

所以，学会讲故事，讲创业故事，讲榜样故事，讲平凡的故事，让故事来见证我们的成功或失败，从而知道专注现有的工作，懂得坚持和放弃，善于适时改变自己，进行创新，展现未来。

所有的事情都发生两次，一次在头脑，一次在现实。身为文创导演，我们用镜头观察世界，用影片传递能量，用事业感悟人生。拍电影就是拍人生，拍人生就是拍自己。导演不是一份职业，而是一个梦想，梦想与事业结合产生的快乐才是永恒的奋斗动力。因此路演逻辑最后一个 DNA 是传能量，这样做能让你获得更多的追随者，大家共同成就新的事业和梦想。

刷新路演认知及梳理路演系统让黑钻石不断突破经营领域，从路演企业，到路演城市，到路演中国，黑钻石经历了一次次"重生"，并且在路演体系的基础上，创造了一个个新的商业奇迹。

埋下种子、重生、加持，黑钻石迸发了巨大的商业梦想能量，传递着能量。

事业的螺旋 DNA

尊重、欣赏、合作

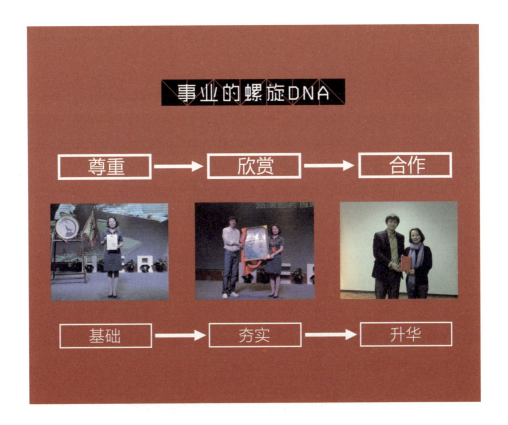

冯仑曾表示，连续、正向的积累能把"事"变成"业"。而正向积累是长期积小成大、积少成多的过程，是将点点滴滴的优点积累起来，形成优势，成就优秀的过程，侧重点在一个"正"字，包含着我们积极、健康的态度和处事准则。

1. 事业螺旋的基础——尊重

事业开始要有一个非常重要的基础，叫尊重。

首先，尊重体现在尊重自己的事业上。规模较大的企业都会梳理企业文化，而梳理企业文化的出发点即是对事业的尊重。

其次，尊重是人与人交流、合作的基础。只有相互尊重，才能相互认可，体谅对方的心情，让对方乐于接受自己的建议，从而达到合作共赢。如果合作伙伴是带着利用的心，你就要果断拒绝。尤其是文创人身上承载的是文化的力量，靠文化价值转化利润，如果做不到尊重，那就要坦然分开。

2. 事业螺旋的夯实——欣赏

尊重是交流、合作的基础，欣赏则是更进一步优化双方关系的桥梁。也就是说，合作伙伴一定要彼此尊重，最好互相欣赏，这样才能擦出更多事业、梦想的火花。

人性的一个弱点是想占有，但是，人是独立的、有思维的，不被他人所掌控，彼此之间存在分歧在所难免，更何况文创作品在很大程度上是文创人的主观呈现，往往"仁者见仁，智者见智"。所以，不要奢望"相同"，而要学会像欣赏一幅画那样去欣赏一个人，也许你会发现他就是一片美丽的风景。当你能够欣赏他的风景，而他也能欣赏你的风景时，你们的结合就形成了新的风景。

另外，虽然俗话说"同行是冤家"，但是，真正从发展角度来看，同行其实是战友。但是同行如何才能走到一起呢？一定要有一个可以共同分享的愿景，彼此欣赏。

3. 事业螺旋的升华——合作

有了尊重、欣赏之后，就会有相应的行动——合作。

合作不仅能使合作者之间共享一个资源，而且可以最大限度节省成本，从而提高效率，增强竞争力，甚至让自己及自己的事业华丽变身。因此，合作是事业升华的一个过程。

做事业时，一切都基于尊重之上，最好双方互相欣赏，并力求合作；再尊重，再欣赏，再合作，螺旋式上升，这才是对事业的正确看法，才是成就一番事业的心路历程。

找到推动事物发展变化的螺旋DNA
也就是自我认知的开始

学习	路演	事业	财富
能用	传能量	合作	能力
学会	讲故事	欣赏	经历
学过	做仪式	尊重	案例

　　认知是一种螺旋式 DNA，这一内容看似简单，但是学习、路演、事业、财富，却是我们人生当中非常重要的几个认知：学习是能量的积累，路演是资本的吸引，学习、路演助力事业发展，事业成就财富，财富提升能力，能力促进新一轮学习，新一轮学习打造全新路演，全新路演成就更大的事业，更大的事业让人拥有更多的财富……它们的实践过程本身就是一个大的上升螺旋，涵盖了我们的人生观、事业观、价值观，需要我们花费更多精力和能力去体验。

认知篇心得

古代江湖，

但凡有点资质的人通常会习武苦练当侠客，

在快意恩仇中实现自己的理想，

今天，

没有江湖，我们如何一展抱负？

纵横商海。

商业是人生的一把标尺，

你可以通过企业估值、创新能力、品牌价值等来衡量自己的价值。

商业篇

——聪明秀出的极佳方式

『商业篇之批语』

头一件是人口混杂，遗失东西；第二件，事无专执，临期推委；第三件，需用过费，滥支冒领；第四件，任无大小，苦乐不均；第五件，家人豪纵，有脸者不服钤束，无脸者不能上进。

——《红楼梦》

1

踏上创业之路

经历与情怀

——路演勇气

创业

创业不一定能够实现梦想
但是拥有梦想就一定是在创业

作为一个文创导演，一个商业人，实现梦想的十分直接、无可取代的途径就是创业。但创业绝不仅仅是注册一家公司，成为法人，名片上写个 CEO 那么简单，它应该是源于我们对自身梦想的追求，基于梦想去实现梦想，这才是真正的创业。

然而，谁都知道创业艰辛，特别是成立公司、运营公司，其艰辛来自于经济环境、资金、产品、团队等。就像宣传片《公司的力量》描述的那样："公司是一种组织、一种制度、一种文化，公司是一种生存方式，也是一种生活方式；公司凝聚了生命个体，让它变成强大于任何个人的经济动力；公司使得血缘、地缘联系之外的陌生人之间的合作成为可能。只有那些善于汲取先进文化并创造出自我独特新文化的公司，才可能成为时代的佼佼者。"

创业不易。虽然如此，只要我们心怀梦想，不管自己是老板还是技术员，将一件事情连续地正向累积，就有可能成就一份事业，这个过程其实就是在创业。所以创业不一定能够实现梦想，但是拥有梦想就一定是在创业。

当你对创业拥有了正确认识和态度后，就要对如何创业有系统的认知，它主要涉及三方面的内容：事业选择、企业管理和商业细节。

事业选择的"三有标准"

对事业方向的选择，往往是我们最应慎重考虑的，需要注意三个标准——有意义、有意思、有溢价，这对文创人或有情怀的创业人来说非常重要。

1. 有意义

教育是有意义的，后勤是有意义的，环保是有意义的，经商创造社会财富，也是有意义的。总的来说，有意义意味着我们的事业要能够推动社会进步，企业除了创造财富外，更应该体现出精神价值。所以我们要选择走人文路线，展现更多的人文关怀和人文价值。

2. 有意思

做事业光有意义还不行，还得有意思。马云曾说："做企业需要巨大乐趣驱动。"

上一个五年，创业企业的生存率不到一成，有些企业在创业之初就已经输了。如何让自己在起跑线上就领先于别人，还要看自己是否有好的创意，是否"乐趣多多"。创意好的项目，市场前景自然会更好，项目吸引力大，资金注入就会更多，这就让企业在起跑线上有了赢的基础。

3. 有溢价

一杯咖啡成本不到 10 元，加上房租水电和人工，最多也就 15 元。但是星巴克最便宜的咖啡 28 元一杯，为什么？品牌溢价在里面。然而创业型企业不能过度追求溢价，待到服务升级之后再逐步加大品牌溢价才是好的方式，毕竟提高性价比是十分奏效的商战招式。

每个创业人做企业的方法是不一样的，但是其骨子里都有着一样的初衷，那就是对自身所从事事业的热爱、投入和研究，并努力让它变得有意义、有意思、有溢价。也正是如此，企业才能在经历了一次次挑战、危机之后，依然可以保持优势。如果大家在创业中缺乏这个认知，就很难把握好企业发展方向。

THREE
STANDARD

导演商学院
Director Business School

企业管理中的"五大难"

选择好了事业方向，成立了自己的企业后，人们直面的就是管理问题。

企业如人。人有生老病死，企业需要让自己的"思维"和"身体"相配合，需要梳理管理方法和内部运作机制。

王熙凤是《红楼梦》中少有的几个极具管理才能的女子之一，她是贾府的大管家，相当于现代社会的"总经理"。其过人之处在协理宁国府中表现得淋漓尽致，企业管理者可从中获得不少经验。

王熙凤接受贾珍的请求，走马上任之后，很快就进入了工作状态，梳理出宁国府亟须解决的五个问题："头一件是人口混杂，遗失东西；第二件，事无专执，临期推委；第三件，需用过费，滥支冒领；第四件，任无大小，苦乐不均；第五件，家人豪纵，有脸者不服钤束，无脸者不能上进。"并针对这五个问题采取了相应的措施。

"人口混杂，遗失东西"。宁国府是豪门贵族，人口众多，经常遗失东西，甚至有人监守自盗。王熙凤采取的对策是分门别类、专人领用、登记在案。"一面交发，一面提笔登记，某人管某处，某人领某物，开得十分清楚。"这与现代企业常用的实物资产特别是低值易耗品的管理办法如出一辙。王熙凤管理家务与经理人管企业不谋而合，并取得了立竿见影的效果。

而对"事无专执，临期推委"，王熙凤采取的对策是：分班设组，明确分工，各负其责。并对这 100 多人提出了职责要求：一是对分内之事要尽职尽责，切不可有丝毫闪失；对分外之事不要插手，切不可"狗拿耗子——多管闲事"。人人有责，往往是人人无责；各负其责，才能人人担责。从这里我们也可以看到管理其实并不深奥，其精髓就在于界定岗位职能，划清人员职责，并积极倡导"在其位，谋其政"和"不在其位，不谋其政"的理念。

前两个问题得到彻底解决后，第三件"需用过费，滥支冒领"和第四件"任无大小，苦乐不均"自然也不是问题了，加上定额控制和预算控制两种手段，极其有效地控制了宁国府的开支成本。至于第五件"家人豪纵，有脸者不服钤束，无脸者不能上进"，恩威兼施、"胡萝卜加大棒"，更是王熙凤的拿手好戏。

王熙凤协理宁国府，不仅把丧事办得风光体面，而且井然有序，实质上协理宁国府是曹雪芹为王熙凤精心安排的一出精美大戏，也是给现代人上的一节企业管理大课。

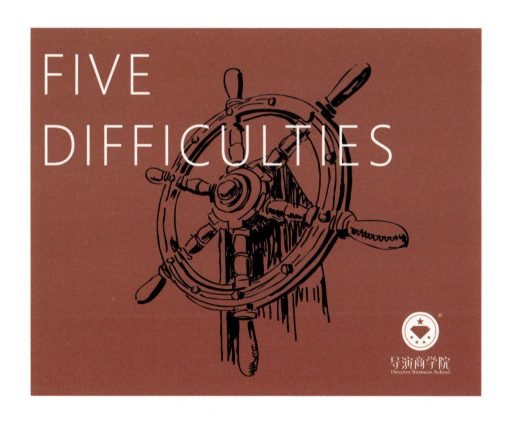

商业细节"四大要素"
——言谈举止

当然，有了方向和管理办法，还需要注意一些商业细节。

商业细节有很多，包括如何上市、如何宣传、如何招标、如何竞标、如何谈判、如何避开合同陷阱等。但归结到企业最重要的那个人，也就是"导演"身上，一定要注意四个字："言""谈""举""止"。

商业细节

言　谈　举　止

言
商业相关

初心情怀
商业系统
品牌资本
相关利益

谈
对话能力

侧耳倾听
对症下药
案例为宜
旁征博引

举
成熟稳重

大方得体
不卑不亢
干脆利索
慎独慎行

止
细节表情

思考不止
随时开始
表情不止
呼应不止

言，即宣传，向着领域呐喊，说出你的价值，讲出你的行动力。创业初期，在任何场合都应当积极主动宣传自己。

所以，不要怕失败，"言"是我们的权利，找准时机言初心、言情怀、言商业系统、言品牌和资本、言相关利益，最终这些都将被市场认可。

SPEECH

导演商学院
Directing Business School

（1）初心情怀。

创业中什么最打动人？情怀。情怀是一种高尚的心境，它不仅是你创业精神的体现，也是你产品附加值的体现。而基于扎实的市场调研，基于对产品的深刻定位和理解，通过情感认同，打动目标人群，也是市场营销的高阶方法。

（2）商业系统。

商业系统是完整的产品、服务和信息流体系，包括每一位参与者及其在其中所起到的作用，以及每一位参与者的潜在利益和相应的收益来源及方式。这往往是你的创业伙伴、供应商、投资人，直观了解企业运营及运营价值的方式，所以这部分的内容一定要阐述清楚。

（3）品牌资本。

品牌资本的重要性相信不用笔者多说，大家都懂得，它是企业的"面子"和"里子"，直接体现着企业的实力、魅力。但如果在路演或与他人交流时不说品牌资本，未必人人都能领会企业的魅力，你必须将其阐述清楚，以此获得更大的"青睐"。

（4）相关利益。

每个人都不傻，都不会做亏本买卖，而任何一家公司的发展都离不开各利益相关者的投入或参与。利益相关者以及在企业中投入了一些实物资本、人力资本、财务资本或一些有价值的东西，并由此而承担了某些形式的风险；或者说，他们因企业活动而承受风险。因此，我们在路演或交流的时候，就有必要讲清楚其中的利害关系。这也是利益相关者十分关心的要点之一。

谈，即沟通，沟通是双方的互动，交流是为了促成合作，达成统一意见。这就要求文创导演要有很强的沟通能力。

连锁业巨头沃尔玛的总裁山姆 . 沃尔顿曾说："如果你必须将沃尔玛管理体制浓缩成一种思想，那可能就是沟通。因为它是我们成功的真正关键之一。"

沟通不仅仅是能交流这么简单，对外，它需要深入了解客户，对客户企业有了深度了解才能知其然并知其所以然，做到知己知彼；对内，它要求团队内的思想保持高度一致，且在发生突然事件时，能够准确判断。在保证客户利益的同时，也保护自己的团队不增加额外的工作。因此在沟通过程中需要把握以下几个要点：侧耳倾听、对症下药、案例为宜、旁征博引。

（1）侧耳倾听。

沟通的基础在于充分了解客户的需求以及其现在的心理状态、希望得到的结果，这样才方便你对症下药。同时这也是对客户最起码的尊重，可以让我们很好地获得客户好感。

（2）对症下药。

对症下药指在充分了解客户信息的基础上，所谈所议之事都和客户息息相关，是客户在意和感兴趣的，不说无用的废话、空话、大话，真正吸引客户的注意力，促进沟通良好进行。

（3）案例为宜。

用公司案例来展现自己的资历、实力，是另一种方式的"以理服人"，这不仅是最有分量的"话"，也是客户最想看到的，可以极大地增加自己在客户心目中的分量。

（4）旁征博引。

"旁征博引之处，皆是知识的拼接；由人及己之说，均为生活的感受。"旁征博引不仅能让沟通内容更加丰富有说服力，还可以充分展示出你渊博的学识，获取客户好感。

举，即行为，做动作，那么我们的动作应该如何做才得体？才能举重若轻？要尽量做到成熟稳重，具体来说就是要大方得体、不卑不亢、干脆利落、慎独慎行。

（1）大方得体。

大方得体的举止可以使人有风度、有修养，给人以美好的印象。这种气质来自自身的修养，也来自对外物的认识，是认知积累到一定程度后形成的。

（2）不卑不亢。

为人处世的最佳状态就是既不要过于谦卑，也不要过于傲慢，做到举止得当，礼貌周到，充分体现出你的教养和风度。

（3）干脆利落。

处理任何事情应当干脆利落，拖拖拉拉会显得没有主见，同时还会耽误进度。就像有些影片之所以让人看了昏昏欲睡，就是因为它过于冗长的场景铺垫。

（4）慎独慎行。

要知道企业家的形象并不单单属于企业家个人，它还代表着整个企业。因为企业家是企业的红点，大多数企业文化都来源于企业家的个人思想，所以企业家还需慎独慎行，避免在大众视野做出不当举动。

4. 止——细节表情

止指适可而止、心如止水，也就是说创业中我们时刻都要处于专注且清醒的状态，能够洞察每一个"细节表情"，从而做出合适的回应。这需要我们做到以下四点：思考不止、随时开始、表情不止、呼应不止。

（1）思考不止。

思考是从感性向理性的发展，它能使我们的认识不仅仅停留在表面，而是深入到事物本质，使我们更加深刻地内化知识，从而引导我们获得新的发现。

（2）随时开始。

大的环境永远在主导市场，局势在不断变化，因此即使是处于暂停状态也要做好随时开始的准备。

（3）表情不止。

与客户或他人沟通的时候，你要随时用表情迎合客户的情绪。我们的表情不一定是内心的反应，但一定会是我们生活、工作的需要。

（4）呼应不止。

呼应不止即对人对事及时作出反应，积极给予回应，毕竟谁都不喜欢和一个没有反应的"木头"相处、沟通。

"尽小者大，慎微者著。"意思就是说注重小节，谨慎对待细节的人才会成就大事业。创业之路必定要言谈举止面面俱到。学会这些，你在创业的路上就可以轻松上阵，不惧艰险了。

创业是一场梦想的励志之战，需要决心、勇气和技巧。而能够在这场战争中存活下来的人，不管最后赢了还是输了，都战胜了自己，书写了自己梦想励志创业的篇章。希望大家能够坚持梦想，勇敢地迈出创业脚步，为人生路演。

步入创新之路

模式与逻辑

——路演成长

创 新

丰富的积累 逐步的延展

　　《六韬》有言："变生于两阵之间，奇正发于无穷之源。"用兵之道在于因敌而动，灵活机动。同样，企业的发展也是瞬息万变的，一个规划、一个方案并不能永久适用于一家企业。因此企业在发展过程中，必须不断创新。

　　那么何为创新？很多人不过是简单地将它理解为除旧布新、独辟蹊径，这样的理解真的是正确的吗？

　　我们先来看"创新"这两个字。"创"为一个仓库的"仓"加一个"刂"，仓库意味着积累和收获，刀代表收割，"创"就是指在丰富的积累之后进行收割；"新"由一个"亲"字和一个"斤"字组成，亲，为亲近、相近，斤是一种比较小的度量，因此"新"指的并不是一种跨度很大的变化，而是很小的甚至挨得很近的一种延伸。所以，"创新"二字并不是说连根砍掉，重新开始，它实际的内涵是丰富的积累，逐步的延展。所以很多人喜欢在创新前面加个"微"字，称其为"微创新"。

　　别看"创新"二字解读起来简单易懂，围绕创新的工作可以说是持久而繁复的，对内关乎企业效益、机制、组织、文化，对外关乎用户、竞争者、相关利益者……创新涉及两大商业要素：模式和逻辑。创新的过程也是你和企业成长的过程。

商业模式创新：
市场和资本提升核心竞争力

商场如战场，在没办法把竞争对手赶尽杀绝的情况下，我们该如何占领市场？进行商业模式创新！

商业模式创新是当今企业获得核心竞争力的关键。在过去十年成功跻身财富 500 强的 27 家企业中，有 11 家企业都是通过商业模式创新取得成功。

但是，我们该如何系统地发现、设计和实现这些全新的商业模式呢？我们又该如何质疑、挑战和转化那些陈旧的商业模式呢？如果我们致力于此，又该如何把富有远见的想法转变成商业模式，挑战商海的游戏规则和权威使企业恢复活力呢？这就需要我们从市场模式的创新和资本模式的创新入手。

创新

市场模式的创新
要从用户体验开始

资本模式的创新
要从顶层设计开始

导演商学院
Director Business School

所谓市场模式，就是指企业的产品进入市场后，如何扩张，如何运作，从哪些领域赚取财富等。而其主要依赖于市场反馈，即用户体验。

以肯德基为例，肯德基的冠军计划（CHAMPS）即"C，保持美观整洁的餐厅；H，提供真诚友善的接待；A，确保准确无误的供应；M，维持优良的设备；P，坚持高质稳定的产品；S，注意快速迅捷的服务"。这个计划中的所有重点，无不从用户体验出发。

肯德基还以回头率将消费者划分出重度、中度、轻度三种类型，并对这三种类型的消费者采取了不同的策略。重度消费者是指一星期来一次的消费者，针对这类消费者，肯德基的营销策略是保持他们的忠诚度，简单的方法就是不要让他们在质量和服务上感到失望；中度消费者指大约一个月来一次的消费者，肯德基的做法是不断推出新产品，吸引他们到店品尝，提高他们的到访率，将其转化为重度消费者；轻度消费者指半年来一次的消费者，肯德基在调查中发现，很多人没有光顾肯德基的最主要原因是不便利，因此它的策略是不断开店。

因此企业要想在激烈的市场竞争中获得一席之地，就要对市场营销模式进行改革创新：更新营销理念，比如同样的产品，根据季节、地点和顾客的不同，合理地给产品定价、开发新产品，或者控制产品流通，更换产品包装；强化市场研发工作，从市场调研着手，以顾客的需求为根本，确定产品创新的主题，以大众需求为创新目标的产品才更容易获得顾客喜爱；加强资源配置，如人力资源、物力和财力的配置。

北斗航天卫星应用科技集团是一家控股集团，其战略核心是北斗应用、环保能源、产业孵化，价值主张为科技创新、产业升级、跨界融合。

自 2014 年起，北斗产业掀起了投资与并购热潮，整体呈现出多领域跨界、产业链深度融合的趋势。业内龙头企业对产业链上下游及相关行业企业完成了大规模兼并重组，产业链各环节以及细分市场领域的佼佼者们也都在资本层面自发开展强强联合。更引人关注的是北斗卫星导航产业之外的企业，尤其是国企和移动互联网企业竞相在卫星导航与位置服务领域进行投资收购，加大力量布局北斗及位置服务领域。这既体现了企业对未来产业融合发展的乐观态度，也标志着北斗卫星导航产业发展正迎来大规模资本运作的新阶段。

而这一发展趋势都可以从笔者曾经为其设计的"2020 年—北斗航天卫星应用科技集团整体战略规划图"中展现出来。

比如北斗应用依托北斗产品的功能和特点，提出了"智慧城市（园区）"计划，并已成功建设了几十个智慧园区。

另外，北斗卫星的授时是一个特别重要的商业运用，授时如果精准的话，可以大量节省能源，所以北斗航天从上游专门开辟了"新能源"这个板块，做新能源装备、燃油，还有新能源基地，这就叫作"天璇跨界"，从北斗卫星的应用跨界到节能环保。有了环保就需要技术，于是有了相应的"环保科技"和"科技联盟"板块。而在下游领域，北斗航天则进行"天玑创新"，开辟了"汽车产业"领域，收购新能源汽车公司、汽车生产企业等，主营汽车核心零部件研发、整车解决方案、北斗车联网等业务，立志在这一领域实现自主汽车品牌，成为科技创新开拓者。除了汽车产业外，北斗航天积极进行产业孵化，将打造十个精品产业园，成为产业升级带动者，并拥有自己的产业基金，可以很好地进行金融投资，从而进一步推动北斗航天发展壮大。

2020年—北斗航天卫星应用科技集团整体战略规划图

产业 产品 计划 愿景 文化

科技联盟	环保科技	新能源	北斗应用	汽车产业	产业孵化	金融投资
科技合作成果转化	环保核心产品	新能源装备	智慧城市(园区)	核心零部件研发	科技创新综合体	北斗国信基金
信息安全培训学校	环境大数据	新能源燃油	卫星应用平台	整车解决方案	北斗产业园(集群)	环保产业基金
北斗应用高峰论坛	水、固、气污染处理	新能源基地	智慧产品	北斗车联网	新能源产业园	新能源产业基金
百千人才计划	国家级示范应用项目	十个百万吨级生产基地	百个智慧园区	自主汽车品牌	十个精品产业园	十支产业基金
产业资源整合者	核心技术方案提供者	新能源标准制定者	北斗应用领航者	科技创新开拓者	产业升级带动者	产业金融推动者
开阳整合	天枢核心	天璇跨界	天枢定应	天玑创新	玉衡延展	瑶光助力

战略核心：北斗应用 环保能源 产业孵化

价值主张：科技创新 产业升级 跨界融合

使命：实现北斗战略布局 提升国家科技实力

愿景：航天科技产业领航者与创新者

做大不是等出来的，也不是偶然碰到的，是设计出来的。一家缺乏顶层设计的企业很难有未来。另外，资本模式的创新日新月异，先积累再投资的资本模式已经满足不了资本市场高速运转和更迭的需要。

所以，资本模式的创新需要从顶层设计开始，通过资本的运作快速推动企业成长，让企业价值倍增。我们必须站在战略高度看待以下问题：你的市场空间有多大，如果空间不够大，如何去拓展这个市场的想象空间？如何打造自己的核心竞争力？如何打造企业机制和团队，使企业能够有强大的向上发展的动力？如何让企业保持持续增长？然后从顶层设计企业文化、产业链、产品定位、业务规模等内容。相信未来资本模式的更迭会更加迅速，甚至超过市场模式的更迭。

品牌必经之路

团队与系统

——路演价值

对于很多"70后""80后"来说，一提到黄蓉，脑海中浮现的必然是翁美玲的形象，因为翁美玲扮演的黄蓉已经在他们心里留下了烙印；很多人虽然是第一次到天安门，但是并不会觉得陌生，因为他们从小就知道天安门长什么样，心里已经有了天安门的样子。

在营销学里面有一个说法叫"爱痕"，就是说大家对你爱得有多深，你在他们内心留下的印记就有多深。企业建立品牌的目标就是让你的企业在消费者心中留下印记，成为大家心目中的"唯一"。

所以，品牌包含两层定义：心灵的烙印和信仰的图腾。

品牌——心灵的烙印

品牌的英文是 Brand，意思是"烙铁、烙印"，这个词形象地表达了品牌的意义：要像烙铁一样将品牌印在消费者的心里（前面导演篇"十二拍"中提到拍品牌要拍印与痕，也是这个道理）。如果我们还没有意识到品牌建设必须要考察经过消费者心灵大网过滤之后的留存，如果我们还没有领悟到我们的品牌必须如锚深深扎根于消费者心中，那么，企业正悄悄走向衰落。而只有烙印于心的品牌才是企业百年基业的基石。

那么，品牌如何在消费者心灵留下烙印呢？

有人说品牌是"卖"出来的，有人说品牌是"炒"出来的，其实，无论品牌是何种形式产生的，"品"字三张"口"，人人都传播你的时候，你就成了传说。品牌的形成过程实际上就是品牌通过持续有效的传播而逐渐占据消费者心灵的过程，其法则主要有以下两点：领先时间和难以超越。

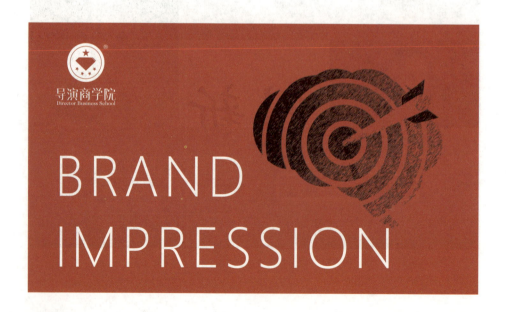

1. 领先时间

领先时间指别人还未起跑，我们已踏上征程。同行里，谁走在时间前面，谁就占得了先机，赢得了金钱和市场。

李嘉诚曾表示，每个商务时代，都会锻造一大批富翁，而每一个富翁的锻造，都是当别人不明白时，他明白自己在做什么，当别人不理解他时，他理解自己在做什么。所以当别人明白时他已经成功了，当别人理解时他已经富有了。

当然，企业要想走在前面，需要具备战略眼光、迅速稳妥的执行力和差异化营销战略。

（1）战略眼光。

企业导演应当时刻保持鲜活的头脑、创新的思维，具有超前的经营意识和发展理念，根据市场风云变化预测和评估市场发展趋势，第一时间占领消费者的认知，制定具体发展实施策略，赶在对手之前预见各种可能。当然这种预见不是天马行空肆意妄为，而是通过周密细致的分析、综合各种因素而提出的一种理性决策。

有了这样的判断和决策，企业可以规划行动，高效率地运作，瞄准市场空白，优先占有待开发的领域。因此，有战略眼光，才能拥有主动权和话语权。

就像黑钻石的七大影片系列，也许在有的人看来，文创企业将影片类型分得那么细致是画蛇添足。但目前国内企业的品牌意识还不够强，十年后，等到所有企业都需要进行文创宣传的时候，针对不同需求的不同影片类型就可以全方位解决企业或企业家的需求，而不必重新制订方案。

（2）迅速稳妥的执行力。

有了想法还不够，只有通过执行才能将战略与决策转化为结果，促使其落地生根，茁壮成长，否则便是空中楼阁，痴人说梦。

从长远战略眼光到创导市场经营理念，再到产品研发测试，最后到产品投入市场面向顾客，每一阶段都要快，都要先发制人。拖拉散漫只会将本属于自己的机会和优势拱手让人。要知道，市场商机是转瞬即逝的，它不会停在原地等你。

拿破仑·希尔表示，人与人之间只有很小的差异，但这种很小的差异却往往会引发巨大的差异。很小的差异就是所具备的心态是积极的还是消极的，巨大的差异就是成功与失败。成功往往不是能与不能，而是做与不做。当有了明确的目标、正确的方法后，我们快速采取行动，就能尽快达到预期目标。

（3）差异化营销战略。

差异化营销战略可以让企业在竞争中占尽先机。任何新的理念和模式都要细化到具体措施才有可能实现，大而化之的概念难以具体操作和执行。因此，在面临同质产品时，企业必须要考虑差异化营销战略，将其落实到服务、产品和价格的细化优化上，进行差别化组合，要具体规划到前面，优先夺取开创全新市场格局的先机。

"竞争战略之父"迈克尔·波特指出，企业要想在市场竞争中生存，要么具有成本优势，要么实行差异化战略——有差异才能有市场，才能在同行业竞争中立于不败之地。

一个十分有效的方法就是针对性地找准顾客的消费走向，从而精准对接，集中力量出击，从传统的卖产品、卖服务向卖需求过渡，提供超值服务，为客户创造更大价值，实现客户与企业良性互动，领先一步，不断超越，始终让客户感受到本品牌的差异化特色服务。

黑钻石七大影片品牌之所以能够成为品牌，靠的正是这点。差异化营销战略具有客户消费走向的追踪能力，能够准确锁定客户的消费需求，客户一开口，就有一整套的方案呈现出来，实现需求到产品的迅速转化。

2. 难以超越

难以超越通常形容核心技术。一是人无我有，是为独有性；二是人有，我更优，是为优质性。核心技术在企业中往往以专利、技术、样式等不同形式存在。这类技术可以重复使用，在使用过程中价值不但不减少，而且能够增加，具有连续增长、利润递增的特征。

核心技术的开发不是一朝一夕就能完成的，需要企业长期积累、不断投入才能见效。黑钻石打造自己的路演中国品牌，前后耗时三年多，目前仍在不断改良。另外，抓不住价值链的关键环节，基础研发投入不足，人才重视不够，专利意识不强，是永远没有机会掌握核心科技和自主知识产权及研发团队的。

品牌是心灵的烙印。烙印是美丽还是丑陋，是深还是浅，决定着品牌力量是强还是弱，品牌资产是多还是寡，品牌价值是高还是低。播下成功的品牌种子，让它生根、开花、结果！

文化——信仰的图腾

信仰是在长期的生产生活中累积出来的。每个民族在历史发展演变的过程中都会产生自己的信仰，或是自己民族的图腾，这是他们生存和发展的精神指引，甚至会成为整个民族最终生存下去的信心来源。

同样，我们也需要将自己的企业文化升级为消费者的一种信仰，设计各种各样的"图腾"，形成品牌核心价值，最大限度地维护消费者的美誉度、忠诚度。

在各地的苹果专卖店里，我们经常能看到这样的场面：大大小小的孩子争相玩着最新款 iPhone（苹果手机）上的各种游戏，快乐而陶醉……苹果早已运用 iPhone、iPad（苹果平板电脑）等"图腾"，在全球建立了"苹果教"。不仅青少年，世界各地的消费者对苹果品牌的极度认同，心甘情愿地成为苹果品牌的俘虏，或称"苹果粉"。

当然，图腾本身不具有价值，但是伴随它背后的是企业文化价值的提升，图腾也会随之具有同样的文化内涵：将产品最主要、最具差异性与持续性的理性价值、感性价值和象征性价值综合叠加，给消费者承诺并兑现。

▲ 图源 全国各地企业家参观黑钻石文化空间落地系统

1. 理性价值，信仰图腾制造

品牌的理性价值主要着眼于产品的品质属性，如价格、功效、性能、质量等，技术和原材料加工为其重要支撑点，消费者往往能通过产品的使用直接感受到产品的理性价值，可以据此获得消费产品或服务带来的直接好处。如果一家企业具有提供优质产品的口碑，它就能够吸引消费者并开展反映品质认知的行动。

比如我们熟知的华为，它的企业文化就是支持围绕质量和业绩的价值主张。人们愿意相信华为宣称的完美品质，是因为华为视质量为企业价值观的核心，华为的基本目标就是以优异的产品、可靠的质量、优越的终生效能费用比和有效的服务，满足顾客日益增长的需要。

2. 感性价值，信仰图腾营销

企业品牌的感性价值主要体现在文化方面，文化的作用在于企业不仅要着眼于从理性层面满足消费者的消费需求，更要侧重于从感性层面点燃消费者的消费欲望。

有一位品牌策略专家曾经说过，如果一家企业能建立正确的经营理念和企业文化，那么，品牌便会自动形成。从品牌的生产工艺、销售过程和服务方式上看，它就是企业文化行为层的表现；从它的品质和定位来看，它反映了企业对待客户的价值观，凝结着企业对产品品牌的感情寄托。

比如 I Do 是 HIERSUN（恒信）钻石机构旗下的品牌，以销售钻石产品为主，但是它是极会表达"温暖情感"的珠宝品牌，一直秉持对爱的坚持和责任，为消费者提供安心、持久的优质服务，让顾客享受愉悦的购物体验和细腻的情感体验。

3. 象征价值，信仰图腾升华

品牌的象征价值指的是品牌表达的价值观、文化色彩，为消费者带来的社会地位、权力、身份和声誉。

随着社会发展，品牌个性在品牌中的地位越来越高，如果之前宣扬的品牌能力以"什么都能干"为主，如今则更加宣扬"某方面干得精"。而且越来越多的企业将品牌个性打造为品牌的核心价值。

自1854年以来代代相传至今的LV（路易威登），虽然产品系列不外乎就是手提包、旅行用品、小型皮具、围巾配饰、鞋履、成衣、腕表、高级珠宝及个性化定制服务等，但它一直以卓越品质、杰出创意和精湛工艺成为时尚旅行艺术的象征。所以说象征意义不同，享受的方面也不尽相同。品牌的象征价值是消费者自我形象的表达，更是企业对消费者的尊重和自我实现需要的满足。

我们总说"顾客是上帝"，这是从服务的角度来说的，但是从品牌角度来看，我们要认识到"顾客是信徒"。当然，关于如何在"信徒"中烙上心灵的烙印，形成信仰的图腾，每家企业都会有自己的做法，但是笔者认为品牌打造的最好方式还是路演加教育：路演品牌价值，培育你的客户。

百思立德项目呈现

项目背景

百思立德是青青藤国际教育集团旗下子品牌，定位学前教育培训，黑钻石为其提供了品牌梳理、品牌命名、VI（视觉识别系统）设计、slogan（品牌口号）设计、文化落地等全方位品牌建设服务。

标准色彩标志

3H3Q

教学理念

行业属性

层层积累

胜利者的跑道

快乐教育

文化底蕴

内部积累（对内）

标志采用百思立德乐学堂理念：

目标：努力建构三大系统，夯实孩子全面基础
三大系统：动力系统、自信系统、成功系统
落实3H课程体系，实现3Q全面提升
3H：happy 孩子　help 老师　honor 家长
3Q：全面提升孩子素质、全面打造教师技能、全面提高投资人效益

图形部分："三道杠"元素作为主要形象，将英文名称融入，字体采用圆角小写字体，增强生动活泼感，加入笑脸元素，体现乐学堂"乐"字，增加趣味活力，整体与slogan、理念统一。

中文部分：设计为圆角无衬线文字，偏正式字体，使其更大气、国际，体现学校的庄严，采用扁平化中国风牌匾形式将乐学堂三字结合，体现中国学堂气质。

VI延展应用 部分展示

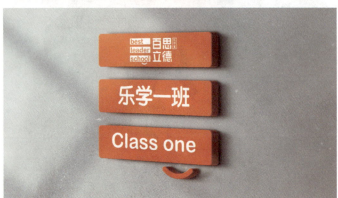

乐学一班

Class one

卫生间　导视

身高尺

选择资本之路

资源与规范
——路演未来

资本

资本是资源与能量
以空间换时间

诺贝尔经济学奖获得者斯蒂格勒曾指出：纵观世界上著名的大企业、大公司，没有一家不是在某个时候以某种方式通过资本运营发展起来的，也没有哪一家是单纯依靠企业自身利润的积累发展起来的。

企业要发展壮大，必然会走上资本运作这条道路。这条路如何走？首先，企业要拥有正确的资本运营观念，千万不要把资本简单理解为钱，资本是资源与能量；其次，规范的资本运营是以空间换时间。

正确的资本运营观念
——资本是资源与能量

如何挖掘资本背后的资源与能量？我们应清楚以下几点。

（1）**企业生命周期是企业资本体系的前提条件**。企业在不同阶段表现出对资本的不同需求，所以正确分析企业发展阶段是企业进行资本运作的前提。

（2）**企业资本状况是资本体系的现实依据**。企业资本运营的各项战略必须和企业现有资本相符，在保证实业的前提下进行资本运作。舍本逐利，最终只能竹篮打水一场空。

（3）**企业愿景是企业资本运营的整体向导，是能量的一个"爆发口"**。企业愿景不仅是企业实业部分的向导，而且是资本运营的向导。如果企业的资本运营背离了这个整体向导，就会出现资金前进方向和企业规划南辕北辙的情况。

（4）**需要打造资本体系层级结构**。要保证资本运营逻辑清晰、分工明确而又能够互相监督，做到股权清晰、财务规范，企业就必须设置专门的理念层、决策层、职能层、运作层和支持层。

（5）**需要打造清晰明确的资本运营战略**。资本体系最终落脚点就是资本运营战略，这一战略也应当随时调整。而这一战略的制作应当兼容以下要点：投资安全、投资体验、投资回报。也就是说，要做出企业资本运营的顶层设计，才能够让企业资本稳固。所以其资本运营的顶层设计自然就相对其他企业显得更加宽广。

（6）**资本运营不是权宜之计，而应视作长久之策**。仅仅将资金运营当作应急周转，从企业资源配置的角度来看，似乎是"头痛医头，脚痛医脚"，这样做会导致两种后果：其一，企业将随时面临较高的财务成本；其二，企业将丧失有利的投资机会。如果想保证资金不出现断裂，并持续裂变，企业就要注重"日常养生"，将资金运营视为企业财务管理的基本原则。

（7）**企业应慎重选择合适的融资投资途径。**一般而言，企业的资本运营之路依次为风险投资、私募股权基金、IPO 融资、后续股权融资、可转换债券，最后通过兼并、收购对行业资源进行整合。这条路上企业不可以掉以轻心，有三个因素至关重要：一是自身或意向投资的其他企业所处的发展阶段；二是自身企业或意向投资的其他企业融资项目的资产特性；三是融资或投资的成本。

（8）**将股东价值最大化作为资本运作的最终目标。**企业不仅要吸引资金，更要引入人脉、渠道等资源。

资本运营规则
——以空间换时间

走资本之路的目的就是以空间换时间，表面上看这样做好像损失了一些股权空间，但它实际上缩短了企业发展时间，为企业争取到了领先竞争对手的时间门槛。

那么，如何做到以空间换时间？实施资本裂变战略。

资本裂变就是一场运用资本市场杠杆，撬动资本天平，以小博大而获利的市场手段，可以参考以下九个步骤。

（1）独立出一部分资本，成立 SPV（特殊目的机构 / 公司）新板块。

（2）成立 SPV 单项或特项公司。对原企业下子品牌、具体项目或者具体业务进行收购，使 SPV 有实业基础。

（3）成立投资公司，分配好股权比例，SPV 单项公司可占比 51%，初期红点占比 49%。这样原企业的子项目就变成了子公司，子公司又可以独立发展品牌。

（4）对新成立的公司进行梳理，保持良好运作。确保其运营理念、价值主张、商业模式都不与企业相斥。

（5）将其中不符合主项的板块移入投资公司。等待投资，或者将其转让出去。

（6）制定出合理的短期和中长期发展规划。短期规划要达到"摇钱树"的效果，维持企业正常运转以及股息费用支出。中长期规划则需要注重持续发展，确保企业现金流长流不息。

（7）在投资公司里，子公司要相互投资相互占股。通过股份置换的方法相互支持，使得各个子公司能够相互支撑，形成鼎足之势，不致因一足缺失而整体倾倒。

（8）通过上市等方式吸引投资，或通过收购其他项目反向投资。从而扩大各个子公司的资金流，形成独立而互补的整体企业态势。

（9）持续裂变，转回第一步，形成循环。

总而言之，企业的资本体系代表了企业的未来，所以我们必须依照总体的企业文化体系进行匡正，避免企业脱离实业变成脱缰的野马。

企业金融奇迹之

蝴蝶资本

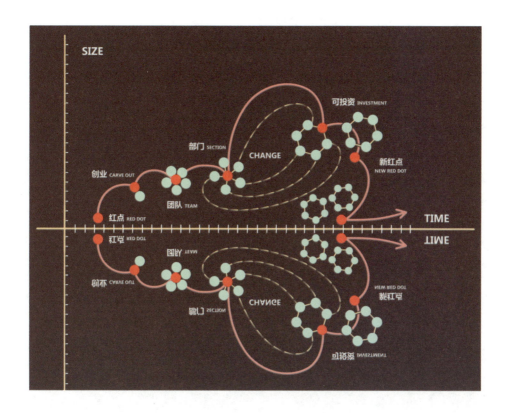

我们来仔细看看这张图，这张图包含了一家企业的演变过程。第一阶段，任何企业一开始的时候都需要一个红点，这个红点可以是一个人，也可以是一个前景非常好的项目，比如你想创业，那么你就是这个红点；既然有了创业的想法，就要去行动，也就有了第二阶段的创业。创业需要人，所以第三阶段是团队。有了小团队，团队成员围绕着你开始做一个又一个项目，最后，项目越来越多，人也越来越多，就发展到了第四阶段部门。随着部门人员成长，加上有了部门负责人分担部分责任，这些人虽然还是围绕着你，但是距离你可能稍微远了一点，你慢慢地不再实际负责企业执行类的烦琐事宜，开始成为公司的决策者。

接下来第四阶段部门和第五阶段可投资之间的"距离"有点远,为什么要这样设计?因为要实现这一跨越是非常难的,黑钻石称之为"跨越银河系"。在第五阶段可投资中你可以看到,你已经不在最中心,而是成为了企业链条中的一环,因为市场有人做,制作有人做,品牌营销有人做,他们可以很好地推动公司继续往前走,你也不是最核心的决策层,很多人都可以发表自己的意见。企业走到这一步就成为了可投资企业,也就是说这家企业相对来说慢慢"社会化",即具备了股份制公司的雏形。当企业成为了股份制公司,你就是公司的董事会成员或股东会成员,已经脱离了实际企业运营人这个角色,便可以进入到第六阶段新红点,你和一些人可以很好地再起盘,再创业,这个时候你的资本、资产、财富就可以以这种裂变的方式暴增到千亿元。

其实,这六阶段就是一家企业从一个细胞不断裂变,形成一个帝国的发展历程。当然最后这只"蝴蝶"也完美蜕变展翅了。

探索产业之路

规则与智慧

——路演格局

产业
产业链式思维
挖井式经营

▲ 图源 路演系列丛书签售现场

产业是社会分工的产物，是社会生产力不断发展的必然结果，随着社会生产力水平不断提高，产业的内涵不断充实，外延不断扩展。从生产到流通、服务乃至文化、教育，大到部门，小到行业都可以被称为产业。

如果把商业比作一个人，那资金就是全身流动的血液，不可或缺，产业则是实实在在的身体，是让这个"人"得以被社会看见、认知和认可的实物。

可惜很多企业只把目光放在了资金上，认为有钱了便万事大吉，有了很好的项目，第一步往往就是大量"吸金"，然后又盲目"花重金打造"，比如花费巨额广告费、研发费或系统建设费等，结果背上了沉重的债务，不得不宣告破产。

昨夜星光灿烂，而今化作一道美丽的流星逝去。这是企业决策的失误，也是资金盲目膨胀，不做好充足的资金运作设计造成的。因此，无论资本道路如何走，都还需要以实体产业为支撑。

我们选定了自己创业的行业，就是选定了自己的产业发展之路。而在这条道路上，实现技术、资本突破只是时间问题，最关键的是我们要成为一名优秀的产业运营人。

那么，如何才算是一位优秀的产业运营人？首先必须了解产业运营的规则，其次要深刻地认识到商业运营的智慧，最后要懂得如何去运营。

运营规则：
产业链式思维和挖井式经营

文有定法，律有常规，规则构成世界。自然界，草木本无意，荣枯自有时，遵循着四时更替的规则；人类社会，人事有代谢，往来成古今，亦遵循社会发展规则；产业经营，产业链思维，挖井式经营，亦是支撑产业运行的规则。任何事业上的成功，都源于对其基本规则的了解，以及有效利用这些规则的技能。

1. 产业链式思维

产业链是产业经济学中的一个概念，是各个产业部门之间基于一定的技术经济关联，并依据特定的逻辑关系和时空布局关系客观形成的链条式关联关系形态，包含价值链、企业链、供需链和空间链四个维度。

每个行业都有每个行业的产业链，郎咸平的"6+1"理论指出，产业链中最赚钱、利润最高的环节是"6"，即产品设计、仓储运输、原料采购、订单处理、批发经营和终端零售；而能够保障产业链不断裂的是"1"，即生产制造。

只有高效地整合一个行业所需的产业链中的各个环节，才能在这个行业的领域内产出高的经济价值。换言之，企业要在一个行业立于不败之地，就需要在了解行业本质的同时整合行业产业链，以此在市场适应和消费者互动上取得主动权和领先地位。

如今，在劳动力和仓储运输上节约成本是杯水车薪，解决不了本质问题。所以企业需要挖井式经营。

所谓挖井，就是指产业的延伸能力，挖井式经营就是企业无限扩张下去，做大做强，甚至成立子品牌，也就是说，你的产业要能拉动其他产业项目发展。例如阿里巴巴的每一个子项目都有自己的商标，淘宝网、支付宝、虾米音乐、蚂蚁金服……

同样，黑钻石也在不断进行挖井式经营。黑钻石在品牌具备一定知名度后，便着手做一家创意性公司。那有没有可能做一个文创人才的孵化平台？导演商学院就应运而生。未来充满无限可能，黑钻石可能做一家咖啡厅式的钻石影院，或者钻石咨询公司，或者钻石投资公司，或者钻石餐厅……只要不背离黑钻石的企业文化，任何产业扩展都是有可能的。

但挖井式经营模式还需要找准重心，找准品牌产业延伸能力的强弱，否则你挖的井就有可能是歪的。而企业的产业延伸能力又不一样，比如顺丰和微信都要开发服装领域，如果都用原有的品牌名，你会买顺丰的衣服还是买微信的衣服？我想大部分人都不会选择顺丰，毕竟穿上去就变成快递员了。但如果他们同时扩展生鲜领域，你会选择哪一方？答案就变成了顺丰。这就是品牌延展力。

运营智慧：情境的力量、商业的魔术

商业是一种智慧的博弈，而智慧不同于知识，智慧需要在实践中才能领悟。

也许开始的时候，很多人都是抱着踏踏实实做点事，立足"诚信、智慧、通达"的想法为人为己，创造自己应该或能创造的价值。然而，随着时间的流逝，随着每次实践时"头破血流"，随着与竞争对手及合作伙伴之间的博弈，人们才发现商业的残酷和艰难，从而明白怎么化解一次次冲突，怎么解决矛盾一起合作等，这些都需要我们思考，不能仅仅依靠所谓的技巧和经验。在这一过程中你会有自己的心得和处理方式。这就是商业智慧，而它概括起来无非两点：情境的力量和商业的魔术。

1. 情景的力量

1971 年，心理学教授菲利普·津巴多主持了"斯坦福监狱实验"。实验通过专门测试挑选了征募来的受试者，即身心健康、情绪稳定的志愿者，这些人被随机分为两组，置身于由一栋教学楼改建成的"监狱"中。

实验开始前，拥有绝对权力的实验指导者就指定了好人与坏人的界限——狱警与囚犯。囚犯被剥夺了名字，由数字取代，而且像动物一样被铁链束缚起来……相反，狱警则被授予了武器和权力。"一旦你穿上制服，就好像开始扮演一个角色，你不再是你自己，你的所作所为要与这身制服所代表的职责相匹配。"

实验一开始，受试者便强烈感受到角色规范的影响，努力去扮演既定的角色。尽管参与实验的志愿者们都没有参观过真实的监狱，也从未因犯罪入狱有过牢狱体验，但仅在短短的 6 天之中，他们便学会了某些东西，知道了权势者和无权势者之间应该如何互动。原本单纯的志愿者已经变成残暴不仁的狱警和心理崩溃的囚犯。一套制服一个身份，就轻易让一个人性情大变，原定两周的实验被迫停止。

后来，津巴多教授撰书《路西法效应：好人是如何变成恶魔的》详述其事。在环境的影响下，在权力的驱使下，在一个人可以做任何事情的时候，他是无法抑制自己内心的恶魔出动的。但是，如果环境具有恶的约束力和真善美的感染力，那么这个副标题也可以反过来，变成"恶魔是如何变成好人的"。

所以，这个案例真实且透彻地解释了情境的力量对个人行为的影响，这在心理学领域具有里程碑的意义。

而这样的心理现象与路演息息相关。路演就是展现自己的主张、想法，并调动现场一切有利的情绪，即运用情境的力量来辅助自己获得他人对自己主张、想法的认可。在一场成功的路演中我们往往能够听到欢呼、呐喊甚至看到眼泪。场下的观众一旦被这种情境的力量带动，便会对你回报相当的热情，将自己的主张、想法传递出去，种下思想的种子也就更加简单了。

2. 商业的魔术

每一场魔术表演都有三个步骤。第一个步骤是"以虚代实"：魔术师秀出一件真实的东西，一副牌、一只鸟或一个人，让你看这样东西，叫你检视它，看它的确是真的，平常得不得了。但是，其中一定有假。第二个步骤是"偷天换日"，魔术师利用这件普通的东西，做出令人叹为观止的表演，现在你很想找出秘诀，但是绝对找不到，因为你根本没有真正在看，你并不是真的想知道，你想要被骗。但是你还不会鼓掌，因为把东西变不见还不够，你必须把它变回来。所以魔术都有第三个步骤，最难的部分，我们称之为"化腐朽为神奇"。

——电影《致命魔术》

商业其实就是一个魔术，对一家企业来说，企业本身就是商业魔术的第一个步骤，因为它是实实在在存在的，也平常得不得了；企业文化等则是商业魔术的"偷天换日"，因为你用企业这个普通的东西，带来了拥有价值和意义的不可思议的"神奇景象"；如果我们能够将这种"神奇景象"即愿景落地实施，那就是"化腐朽为神奇"了，只是想要做到这一步很难。但是实际上企业的顶层设计就是"化腐朽为神奇"的开始，如果你真的能把它实现，你就完成了一次商业魔术。

探索产业之路，不仅要懂得产业运营的规则，还要具备商业运营的智慧。一位合格的产业运营人，应该至少可以解决产业经营规则中的某一个部分；一位好的运营人，则应该能够做产业经营规则中涉及的每一个部分的顺畅串联，使其形成一个收放自如的整体；一位出色的运营人，则可以超越规则，以运营中的某一个节点为起点出发，放大整个产业格局，乃至人生格局，重新定义整个产品的形态、逻辑和运营模型，凝结出一种运营智慧。而文创导演的目标应该是一位出色的运营人，对你来说，运营产业就是你在向他人、向社会"路演"你的商业格局和人生格局。

钻石偈语

商业

创业还需梦在前，

三有事业展宏篇。

信仰图腾存烙印，

新旧交替刹那间。

纯正能量做资源，

可拿有限换无限。

产业思维新洞天，

敢把日月换新颜。

COMMERCIAL
MAGIC

商业篇心得

何为价值？

其实在一定意义上，

人生的价值就是人生的意义。

天地生人，人为万物之灵。

而这个世界又是一座大熔炉，

锻炼出了一批又一批品质不同的人，

这些品质不同的人再次历经大熔炉的历练并修炼成与原来不同的自己，

周而复始，不断学习，不断追求，不断分享，

为的正是不断提升自我价值，

获得或多或少的"成绩"。

能有"成绩"，就不是虚度一生了。

CHAPTER ⑤

价值篇

——可给予的财富

〖价值篇之批语〗

任何一种传播本质都是分享，而且这世界上没有比分享更好的学习。

不要让空间限制了自己的想象。导演的浪漫主义情怀是讲故事的基础。

成熟就是对事物有精准认知，乐观的人生才有机会。

不要停止奔跑，不要停止创作，

不要停止在路上演绎精彩的人生。

——马强

价值篇

分享	浪漫	精准	乐观
终极学习	行业情怀	商业价值	革命精神

文以化之信为先
顶层惟幄意志坚
书表价值核心观
影画点睛故事连
能量空间感溯源
人情世故来预见
演绎愿景投明天
兵法箴言正道篇

《导演兵法》合作出版方:
1. 参与企业将列入编委会名录
2. 企业可以获得在书中展示自身
3. 在全国书证1场与高铁书站
4. 获得等值数签名版《导演兵

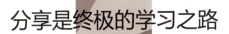

1

分享是终极的学习之路

分享是终极的学习之路

▲ 图源　马强导演在路演产业会平台进行分享

原始人由于没有有力武器只能采取群体捕猎的方式获得食物。由于食物来源变幻无常，必须依靠所有人的力量才能不挨饿，所以原始人养成了共享食物的习惯。久而久之，这便作为一种习俗流传下来。

虽然随着时代发展人们逐渐开始尊重和保护私有财产，但是与人分享、互通有无的精神并没有因此而消亡。因为，从个人角度看，分享是一种高效的学习；从企业角度看，分享是用自己拥有的东西去换取更丰富的资源。

1. 个人：分享是一种高效的学习

不管是黑钻石的每一场路演，还是导演商学院的培训课程，它们都是一种"学习现场"。作为主讲人，笔者最深的感受便是分享是一种高效的学习，笔者讲一遍功力便会加深一层。因为有很多道理笔者在写的时候并未参透，但是只要笔者讲一遍，就能发现其中的问题，往往瞬间就领悟其中的关键，进而进一步进行完善，整个知识体系也更加健全，表达得更加清楚。

由己推人，大家在进行了一场现场学习后，不要觉得把笔记抄回去就行了，回去之后至少给其他人分享一小时，这既是一个巩固的过程，也是发现问题的过程，会让你的学习更加深入和系统。

2. 企业：分享是用自己拥有的东西去换取更丰富的资源

在之前的营销模式中"客户"是关键因素，而现代市场营销的核心则是产品或者品牌。在产品同质化日益严重的形势下，"经营产品"和"经营品牌"的环境越来越狭窄，企业又开始朝着客户关系营销的方向发展，"经营客户"的作用又凸显出来了，"返璞归真"的营销手法和策略实施又掀起一种"复古的流行趋势"。那么如何快速获得客户群？分享必定是撒手锏。

德雷克·西弗斯在1998年因创设CD Baby（一家在线音乐商店）而一举成名。CD Baby是互联网几家独立音乐大卖家之一。当别人问起他成功的商业模式是什么样时，他这样表示。

我不知道我自己是什么模式，也许就是"合作／分享"模式。它运作起来像这样：

（1）**你已经拥有了某些人想要的东西。**它可能是你拥有的，可能是你学会了如何去做的，也可能是你可以接触到的有价值的资源或人脉。

（2）**找到一个途径，把它分享给需要的人。**分享它是因为你平时和朋友就在这样做，因为这是正确的事情，因为这使世界更美好，并且这能使你感到快乐。把分享作为对别人向你分享的所有事情和想法的回报。

（3）**如果为了分享你需要做出很多努力，你可以适当为你的付出收取一些费用，确保你的分享可持续。**

很多企业对于自己的商业经验都视如珍宝，恨不得藏在保险箱里。但其实，除了企业的核心资源外，其他一些企业运营之道都是可以分享的。德雷克如今成长为独立音乐业界的重要商家，可以说与他一路上都在不断分享分不开。

1994 年，美国专利局还要通过邮件往来获取专利申请表格。不仅时效性差，而且工作十分烦琐。于是德雷克扫描了所有的表格，以适合打印的格式放到网站上供音乐人免费下载。一直到 1996 年可以从专利局网站上下载表格之前，他的网站一直是唯一可以下载到这些表格的地方。

也许很多音乐商会想，既然你有这么便利的途径，那只为自己的音乐人用不就好了，还能提高自己音乐人的竞争力。但他并没有这样做，1996 年，他为自己的唱片公司注册了一个条码账户，并为此付给统一编码委员会 750 美元，从而获得一个建立 10 万个产品编码的账户。但 10 万个编码他根本用不完，于是就免费提供给业内朋友，直到他们开始学会使用类似方法。因为生成编码需要建立 EPS（图像格式）/TIFF（标签图像文件格式）图形码，并会永久追踪这些编码，所以编码到后期会收 20 美元的费用。在接下来的 12 年中，这个以免费分享为开始的举动为他带来了大约 200 万美元的收入。

将自己剩余的资源分享出去，可以更快获得市场接纳。但你的分享对象必须是你的合作者，如果他始终是个"伸手党"，就要果断拒绝他。

▲ 图源 黑钻石与绿建国际路演系统签约仪式　　▲ 图源 中关村丰台园路演影像系统首映礼

那么你的"客户"中，哪些是值得与之分享的呢？主要有以下几类客户关系。

（1）**普通买卖关系**。这种客户关系只是企业按其自身标准达成的你卖我买，维护关系的成本与关系创造的价值均极低，分享层面自然也尽量限定于具体合作具体分享。

（2）**优先供应关系**。企业与客户的关系在合作中可以朝着优先选择关系和长期合作的方向发展。在此关系中，企业需要投入较多的资源维护客户关系，包括给予重点客户优惠政策、供应需求优先考虑、建立团队加强双方人员交流等。

（3）**合作伙伴关系**。双方企业里的成员承认双方的特殊关系，彼此有着很强的忠诚度和信赖度。在此关系水平上，价值由双方共同创造，共同分享，成功区别于其竞争对手，赢得竞争优势，彼此都能在合作中获利。

（4）**战略联盟关系**。战略联盟关系是指双方有着正式或非正式的联盟关系，以合同合约的形式出现，双方的目标和愿景高度一致，双方可能有相互的股权关系或成立合资企业。

现代市场中，并不是所有企业和客户都要建立合作伙伴和战略联盟关系，只有那些彼此具有重要意义且双方的谈判能力都不足以完全操控对方，互相需要，又具有较高转移成本的企业，建立合作伙伴和战略联盟关系才是适宜的。所以在与自己的合作伙伴分享的过程中，应遵循"战略联盟关系＞合作伙伴关系＞优先供应关系＞普通买卖关系"。同时，还要在客户关系的长期维护中，积极主动反馈，保持跟进，维护良好和成功的长期客户关系，实现共赢，获取价值。

有些人和企业至今还保守地认为同行是冤家，因此不愿分享，怕被同行赶超。其实此言差矣，同行应该是朋友。只有合作和分享才能带来发展和进步，真正胸怀远见的成大事者都懂得赠人玫瑰，手有余香。而文创行业本身就是一个需要分享精神的行业。文创的本质是分享，而这个世界上没有比分享更好的学习。

黑钻石到现在为止所有的收获，包括品牌的影响力、稳定的客户群，其实全都源于这种分享精神。所以，分享是终极的学习之路，不仅可以让人获得学习的机会，也让人积累自己的人脉资源。

浪漫是极佳的行业情怀

商业和艺术看似矛盾，其实是你中有我、我中有你、水乳交融的存在。

比如，电影作为一种艺术和科技的产物，本身就是科技与艺术的完美结合。利用电影达到商业目的，就完成了商业与艺术、人文的结合。因此，三者并不矛盾冲突，将人文精神与艺术手法发挥到极致是商业影视追求的终极目标，虽追求的是商业利益，却也能有艺术创造。

文创导演不要让空间限制住了自己的想象。讲故事一定要有渲染的过程，就如同 3D 影片需要渲染一样，如果不渲染，直接做成模型拿出去，影片会不好看。渲染一下它才有了所谓的质感。

所以，先让自己成为一个浪漫的人，然后将这种浪漫情怀应用于商业中。

培养浪漫情怀：拥有情趣和梦想。

▲ 图源 拍摄于黑钻石光芒山影视基地　　　▲ 图源 拍摄于黑钻石人文研究院

在导演商学院的课堂上，笔者经常会讲述自己去过了哪些地方，发现了哪些好玩的事情和小玩意儿；会展示自己即兴创作的一首小诗；会分享自己对某一事物的看法和理解；会讲解一些额外的有趣的案例……笔者不是在炫耀自己的阅历，而是想通过这样的分享让大家明白，如果我们拥有浪漫情怀，就可以很好地体验到各种诗意的生活。

笔者也相信，通过这些分享，大家会对笔者有更加全面的认识，至少知道了笔者不是一个无趣的人，拥有一份浪漫情怀，并将这种浪漫注入黑钻石，于是，黑钻石的很多企业口号就有了浪漫气息，多了几分艺术渲染力和情绪感染力。

所以，笔者觉得文创导演应该具备浪漫情怀，我们应该从以下几个方面来培养自己的浪漫情怀。

（1）**让自己的内心变得丰富起来。**如果一个人总是感觉生活很无趣，对什么都不上心，一点制造浪漫和惊喜的动力都没有，那么他是很难体验到生活的乐趣的，更难将生活变得生动起来。因此，我们首先要学会让自己的内心变得丰富起来，努力感受生活中各种不同层次的变化，认真品味生活，从细节处发现美，发现能令我们感动的地方。

（2）**心中要有信念和梦想。**笔者始终相信，有梦想的人才能够更好地追寻自己所要的东西，让自己的生活变得更充实丰盈。如果一个人连信念和梦想都没有的话，恐怕会活得很茫然，自然也就更不可能体会到生活的诗意和浪漫了。因此，要努力奋发向上，追求自己的理想和信念。

（3）**多交往有情趣的朋友。**因为黑钻石笔者认识了很多人，他们都带给笔者很大的启发和帮助，让笔者深刻地认识到，多一位朋友就是多了一个看世界的窗口。因此，不妨抽时间跟有情趣的朋友一起交流，让自己的思想更有深度，让自己的生活变得丰富起来。

精准是至臻的商业价值

《礼记》有言："君子慎始，差若毫厘，缪以千里。"意思是做事情一开始就要慎重，不能马虎大意，哪怕只是一丝一毫的差错，结果也会相差很远。0.99 的 1000 次方接近于 0 也是同样的道理。由此可见精准的做法多么重要。

谷歌、阿里巴巴、Uber（优步）为什么这么值钱？就是因为精准。它们包含了精准广告、精准零售、精准交通等。谷歌是较早使用大数据驱动的精准服务商。在谷歌上输入某个关键词的用户，大多是相关领域的潜在客户。谷歌通过关键词匹配发展出了非常精准的广告业务。每年"双十一"，几亿人来淘宝买东西，即使在这样的数据量下，你每个小时在淘宝上看到的东西都不一样，淘宝会根据你以前的购物数据和收藏夹信息为你提供推荐商品……这些都是"精准"带来的。

而本书导演篇中的"六策""九文""十二拍""七剪"等也是在教大家用精准的方法来创作。

"为兵之事，在顺详敌之意，并敌一向，千里杀将，是谓巧能成事。"就像《孙子兵法·九地篇》所说的那样，带兵打仗要顺详敌意，然后向着敌军一路追击。做文创也要知道观众的心思，然后在影片中直截了当地进行展示和解答，以此获得他们对企业的认可和赞赏。

所以，做文创需要百步穿杨的精准，力求每一步每一个环节都能做到精准无差错，而某些核心部位，更是必须做到万无一失，从而将文创作品、产品的价值更好地展现在客户面前。

2. 精准你的思维

笔者一直认为精准也应该是一套体系，它不仅仅只是做法那么简单，更应该上升到我们的思维和认知层面。

在互联网时代，信息本身是一样的，但是为什么同样是人，却会对同样的信息产生不同的看法？有人可以一叶知秋，见微知著；有人却一叶障目，不见泰山；有人会以汤止沸，劳而无功；有人却能破釜沉舟，一针见血？其实，除了情感和心理的派生因素外，基础和主导的就是思维。

比如，同样是路演，为什么有的企业去做往往无功而返，而黑钻石出手大多能事半功倍？因为黑钻石对每一场路演的认知非常清楚：给投资人看主要是用于融资，给合作伙伴看是用于招商，给消费者看是用于让他们产生购买行为，给企业内部人看主要是用于凝聚团队……

同时，黑钻石能有今天的成绩，很大程度得益于黑钻石的思维方式。比如，在本书中你可以看到黑钻石是如何进行观察、概括、创新的，而这就是一个精准思维的过程：立足整个市场大环境，归纳总结其特点，站在发展的角度提出新问题，制订解决方案。

另外，在工作中影响我们思考和做事的最大障碍其实是思维混乱。不能清晰理清工作事项背后的信息、背景、素材、资源、困难和目标，很有可能会形成一种勤奋而又愚蠢的"笨蛋做事风格"。

所以，不同的思维能够带来不同的结果，文创导演必须具备精准的思维，对整个文创行业有精准的前瞻性认识，并运用逻辑思维制定出发展战略和行为准则，在思想认知层面上快人一步。

所以说，精准是至臻的商业价值，不仅要保证好产品本身的品质和特色，维护好销售的核心能量，将所有成果转化成利润，还要做好项目乃至整个企业的规划和实施。正所谓：文以化之信为先，顶层帷幄意志坚；书表价值核心现，影画点睛故事连；能量空间感溯源，人情世故来预见；演绎愿景投明天，兵法箴言正道篇。

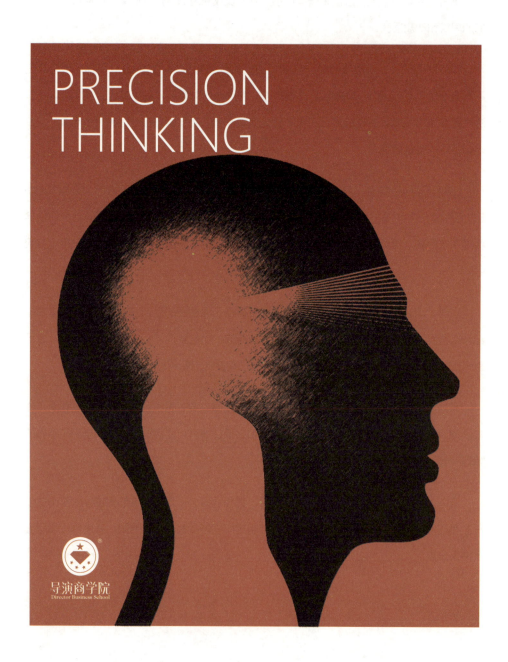

PRECISION
THINKING

乐观是无上的革命精神

同一块石头，对乐观的人而言，那是垫脚石，对悲观的人而言，那却是绊脚石。所以说问题并不在于事物本身，而在于人看待事物的方式。人生不如意事十之八九，乐观的人在不如意时，常想一二，偶有一二如意加倍珍惜，常怀感恩。

乐观不是传说，而是实实在在的修炼。

没有人生来就是"乐天派"，乐观是一种修炼。下面是几个让自己变得乐观的方法。

（1）**自信**。在黑钻石成立之初笔者就对大家说过："黑钻石会成为行业标杆！"希望大家在做事业的时候都能有这样一份自信和魄力。无数事实也证明，自信比智力和教育更重要。一个好的起点，往往开始于相信自己会有所成就。

（2）**拥有明确的目标**。是的，从一开始黑钻石就明白，黑钻石要拍出企业家的愿景，至今黑钻石人依然在这条路上奋斗。所以，给自己写下切实可行的目标，你就已经走上了实现目标之路。想象自己达成目标后的画面，比如，实现了阶段发展目标后，企业成立分公司；完成销售任务，拿到奖金等，都有助于你一步步实现每个目标。

（3）**克服自我怀疑和消极想法**。很多时候，现实和我们的想象大相径庭，这时就需要你不断对自己说："我行，我可以完成这个挑战！"这样，你不仅没有忽略问题和困难，还用积极的态度面对了它们。

（4）**寻找机会，并抓住机会**。机会不是等来的，任何时候都要主动寻找机会，一旦机会出现，立马毫不犹豫地去抓住它。

（5）**收集快乐的源泉**。尝试多做些能让自己开心或有成就感的事，比如欣赏一道美丽的风景、写一段颇有文采的话语、收藏一张美丽的图片、分享一个经典的案例等，特别是分享案例，这会让你更加自信、乐观。

乐观是梦想者的武器，每一个心存梦想的人，在前进的路上都会遇到无数难题，在追梦的这条路上时刻相信自己，给自己一个坚持下去的理由，乐观地对待挫折，理智地寻找原因，终有一天你能到达成功的彼岸。

随着时光流逝，不管是个人的事迹还是企业的发展，终会历经"大浪淘沙"，而价值是其最终的衡量标尺，往往决定了企业价值之土是否真的得以沉淀下来。要想做一位具备导演素质的企业家，沉淀出自己企业的价值之土，就应该树立分享、浪漫、精准、乐观这四个价值观，并使之变成一种态度、一种情怀。

"导演"这两个字，一个关乎艺术，一个关乎商业。从事艺术的人以梦想为动力，无论结果怎么样，都要实现最初的梦想；从事商业的人注重的是结果，演绎人生即为实现价值。"梦想先导，演绎人生"，既要有梦想，也要懂得如何呈现它，能让二者完美结合在一起，就是"导演"。

下面笔者将从创作能力、社会身份、服务升级、价值衍变、虚实结合、人生格局六个方面来阐述如何把作品与自己结合起来。

1. 从影片到事件——创作能力

真正意义上的影视导演绝对不仅仅是坐在屏幕前面的那个人，他需要运用自己的艺术修为，指挥剧作、摄影、照明、音响、剪辑、造型等电影制作中的每一个环节，推动拍电影这个事件的发展，他的眼中除了影片外，更应该有"拍电影"这件事，他真正的创作能力也体现在"拍电影"这件事上，他将所有的电影事项进行一次"交响乐队般的创作"，影片只是事件当中的一个载体和结果。就像一位厨师对各种食材进行加工，最后完成一道色香味俱全的菜肴一样，他体现出来的创作能力在于做菜的过程而不仅仅是最后呈现出来的菜肴本身。

同样，对于导演型文创人员而言，一次文创产品和服务最终的结果固然重要，设计、策划、执行、销售等整个过程才是你全部创作能力的体现。

2. 从产品到孵化——社会身份

2015年，张瑞敏说海尔要从原来制造产品的加速器变成孵化创客的加速器。后来，海尔拥有了海创汇，2017年海尔在上海投资建设"产城创"上海基地。海尔要从原来的产品制造者变成"创客制造者"。

今天黑钻石也是如此，2016年，黑钻石成立了"北京市众创空间"，以路演＋影视的软孵化技术为众多企业服务，从那一刻起，黑钻石的身份发生了变化，从服务方变成了引导方，有了话语权，有了制定标准的基础。

黑钻石的企业是文创创客的孵化基地，黑钻石成立的导演商学院是培养文创人才的摇篮。黑钻石不单单要做文创产品制造者，也要成为"人才智造者"。

所以，当我们拥有了创作能力后，创作产品绝对不是我们所要追求的唯一目标，我们要开始尝试着改变"社会身份"，走出对自身角色的单一认知，将自身置于整个行业、社会之中，然后就会发现"我比自己想的更有能力，更有影响力"。

3. 从企业到城市——服务升级

当我们具备了创作能力，"社会身份"变得不一样了，就要重新开始审视文创服务本身，将自身服务升级。

我们的服务是否能够从企业延展到城市，甚至为国家文化产业做一点事情。无论是"一带一路"倡议，还是"双创"，如果我们能够参与其中，绝对是一件非常荣耀、非常有意义的事。这需要你匹配好相应的服务产品、人才与系统。

4. 从品牌到文化——价值衍变

"亦儒亦商"的徽商、"纸寿千年"的宣纸、"枯淡幽冷"的新安画派都跳出了产品、品牌的范畴，成为了一种文化，被打上了中华文化的印记。

让自己的企业或产品从品牌影响变成一种文化吸引，并以此为方向，从历史、人文、自然多个维度去发掘产品蕴含的文化元素，努力发掘品牌文化的厚重感、鲜活感与时代感，这样既满足了消费者的文化诉求，又将产品价值进行了一次衍变。

5. 从无形到有形——虚实结合

文创价值的衍变说到底是一种从无形到有形的虚实结合。

在很多人的观念里文创是"虚"的，其产品和服务似乎并没有起到立竿见影的作用，确实，一部企业宣传片可能无法马上给企业带来销售业绩，一个文创艺术品可能无法马上被大众接受，一场培训学习可能无法马上运用到商业运作中……但是事实上，文创却一直在推动着国家经济发展，文创企业也有着实实在在的市场估值，而这些是非常"实"的。从这个角度上看，文创有产品和服务，它是有形的，而其价值却是无形的，这正体现了文创企业的虚实结合。

虚实结合是文创行业的"常态"，我们要做的就是站在看得足够远的地方来看待它，让大家能够看得到，触摸得到，感受得到文创的真正价值。

6. 从有形到无疆——人生格局

从有形到无疆，格局大了，发展才能更好。

对一家企业来说，创始人或者最高决策者等核心成员往往就是该企业的导演。个人的格局往往体现在对事物的认知上，有了认知，就能决定将资源应用在哪个层面，或在艺术领域，或在引领方向领域，甚至会左右企业的价值体系，让导演成为整个企业的"红点"。例如，某种意义上，陈欧就是聚美优品，董明珠就是格力，雷军就是小米，乔布斯就是苹果，罗永浩就是锤子科技。

你所关注的一切，会是你所拥有的世界；你所努力的一切，最终也会成就你的世界！

LIFE
PATTERN

价值篇心得

THE PHILOSOPHY OF DIRECTOR

导演商学院
Director Business School

导演商学院
Director Business School

结语

人生的故事
——不犹豫，不后悔

大家都喜欢听故事，每次导演商学院课程结束笔者也都会讲一个故事作为收尾。这个故事是这样的。

有一位哲学家出版了很多本哲学著作，自以为人生已经非常满足了。

有一天，他的课程讲完了，一名中意他的女子大胆地走上前来对他说："我非常喜欢你，我想嫁给你。"

哲学家愣住了，他从来没有考虑过要结婚的事情，便说："你让我先思考一下吧。"

回去以后，哲学家就开始思考了，他将结婚和不结婚的好坏一一列举出来并进行比较，可是最终他发现好坏均等，这让他不知该如何抉择。他陷入长期的苦恼之中，迟迟无法做出决定。

最后，他终于得出一个结论：人若在面临抉择而无法取舍的时候，应该选择自己尚未经历过的那一个。哲学家想：不结婚的日子我已经经历过了，但结婚会怎样我没有经历。对，我应该尝试一下！

于是，他准备好了聘礼，来到女子家。给他开门的是女子的父亲。

哲学家说："你的女儿呢？我已经决定娶她为妻。"

女子的父亲冷漠地回答："你来晚了 10 年，她现在已经是 3 个孩子的妈妈了。"

哲学家听了，整个人近乎崩溃，他万万没有想到自己做了这么多思考，但是对其人生竟然没有任何推动效果和实际意义，他依然还是孤单一人。

这件事情对哲学家的打击非常大，回到家里，他便郁郁寡欢，一病不起，弥留之际他把自己的著作全部烧毁，只留下一段对人生的批注："如果将人生一分为二，那么前半生是不犹豫，后半生是不后悔。"

那么，这个故事究竟有什么意义呢？

讲这个故事是想告诉大家，生命如一条河不断往前流动，谁也不会为谁停留，一旦错过了岸上的风景，就再也没有重新回头的机会了。这个世界是不存在后悔药的，机遇来临时就要勇于争取。希望大家能够抓住当今中国文创产业及资本市场的良好发展趋势，把握住这个时代的脉搏！

如何定义前半生呢？只要你活着，就还是在前半生！

▲ 图源　马强导演与闫真诚老师在巴基斯坦考察时期
（永远感念闫真诚老师对自己商业认知的指导，闫老师已于2017年不幸离世）

后记

梦想先导　演绎人生

"资本和技术主宰一切的时代已经过去，创意的时代已经来临。"这句从美国硅谷到华尔街的流行语，已引起世界各地人民的共鸣。越来越多的人和城市开始意识到发展文创产业的重要性，各国各地也都兴起了一股文创风。

追根溯源，文创产业的兴起不是偶然，是文化产业实践演进的结果。在 20 世纪 30 年代，德国学者瓦尔特·本雅明在其著作《机械复制时代的艺术作品》中就注意到了以摄影术、电影技术为代表的技术大规模复制艺术品而产生的文化产业现象。

到了 20 世纪八九十年代，英国成为文化产业与创意产业发展的领先国家。不过，20 世纪 80 年代使用的还只是"文化产业"概念，即"文化产业是所有与文化有关的商业活动的通称"；而到了 20 世纪 90 年代末，英国即宣布成立"创意产业特别工作组"，提出了"创意产业"概念，并解释为"源自个人创意、技巧及才华，通过知识产权的开发和运用，具有创造财富和就业机会的产业"。

在当今世界，创意产业已不再仅仅是一个理念，而是有着巨大经济效益的现实产业。约翰·霍金斯在《创意经济》一书中指出，全世界创意经济每天创造 220 亿美元的产值，并以每年 5% 左右的速度递增。一些国家创意经济的增长速度更快，美国每年增长达 14%，英国为 12%。

从"文化产业"到"创意产业"的演变，是一个实践的、市场的、自发的演变过程，表明了消费者需求和产业形态的演变，表明了

文化产业发展从以文化复制为主转变为以个体创意为主。而文化是土壤，创意是种子，文化与创意有机结合才能诞生好的文化产品。**"文化创意产业"的产业形态强调的是文化创意化、创意文化化。**

随着中国消费结构改变，社会对文创产品的需求不断增长。北京、上海、广州、深圳等大城市的文化消费已经进入以审美、休闲、体验为主的阶段，由此带动文创产业蓬勃发展，新的文化业态应运而生，这种业态已经超越了传统的文化展示。

可以说，在中国，文创产业正处于爆发式发展阶段，文创行业的总量和质量都还有很大的提升空间。因此，在市场经济这个层面，文创产业今后 5 ～ 10 年都会随国民经济一起趋向繁荣。

文创产业这顶"高帽"好戴，但是有多少从业人员真正了解文创产业的发展和选择？有多少企业知晓文创产业的运营模式？又有多少所谓的文创人真正具备文创人的资格？

虽然中国有悠久的历史、丰富的文化资源，但是在以产业形式进行文化推广方面做得仍然不够好。比如，伴随着多媒体技术发展，影像已经成为企业不可或缺的宣传工具，但是，目前市场上很多制作公司根本无法整体把控企业需求，更不知道如何将影像与企业需求相结合。市场上充斥着良莠不齐的企业宣传"作品"，一些不堪入目的表现方法甚至让很多人开始怀疑影视的真正力量。

与之相反，不少从事文创事业的人，有脾气有个性，仅仅是把文创当成一种艺术，缺乏对其商业性的正确理解和把握，甚至带有偏见，其文创作品往往曲高和寡，无法很好地转化成商品，更无法被大众认可和欣赏。可艺术不能是你一个人的艺术，只有你自己欣赏的东西，也不能称之为艺术，艺术的土壤在社会，艺术来源社会最终也要回归社会。

针对这些现象，笔者决定分享自身的实践、经验、感悟，让更多的人认识到文创活动在商业中的真正魅力，让人对文创及文创人才有全新的正确的认识，于是便有了黑钻石导演商学院——商业与艺术并行的影视培训机构，依托黑钻石高超的技术水平，将一线的制作精英转换成强大的师资力量，配合独特的教学方法，致力于将每位学员打造成艺术与商业兼具的文创导演。

黑钻石人有情怀、有梦想，想要传递的不仅仅是技术，更多的是一种全新的思想和观念：对文创事业的正确理解——文创产业的学习；对文创人身份的重构——文创导演；对文创导演的全面解读——造梦者、洞明者、通透者、演绎者、策划者、指挥者 6 种身份；对商业与艺术的重新平衡——商业 + 艺术，技术 + 理念……这些无不是在传递一种良性的商业价值观。

对于文创企业而言，具有导演素质的企业家所倡导的价值主张，很大程度上就是企业所倡导的核心价值观，企业家所想，也必将影响企业的发展和未来走向。

文创是一个要耐得住寂寞，抓得住机会，有强烈爱好，并且有胸怀的行业！我们相信越来越多怀有梦想的种子将在导演商学院的浇灌下生根发芽，掀起商界与文创界的又一浪潮！

导演商学院文创合伙人
区域发展落地执行方案

成为文创人才—思想输入—文创学习—导演学院

占领企划部门—思想输出—文创教育—沙龙活动

打造文创影响—身份树立—文创组织—学院分会

建立品牌事业—价值转化—文创商业—区域龙头

扫一扫，关注黑钻石国际传媒官方微信

黑钻石
导演商学院

依托黑钻石影业、黑钻石众创空间孵化平台、黑钻石路演事务所等艺术与商业资源，汇集包含知名商业导演、国内外一线制片人、企业品牌运营专家、国家级创业导师、多年投行领域资深导师等的文化与商业高度融合导师阵容。

▲ 图源 导演商学院导师阵容

以 1200 余部商业影片的制作流程与 200 多个完整商业案例为基础，开院四年来，开办各类课程几十期，涵盖文创类人才培养、影视技术的商业应用、商业路演企划培训、中小企业国际化、新媒体打造等课程，每类课程均以理论与实践相结合，以市场实际需求为导向，培养商业精英与文创人才上千名，成为创新创业的新生力量。

▲ 图源 导演商学院课堂氛围

学员毕业后自主创业成功率高，活跃于影视、文化、广告、科技、互联网、健康、农业等领域，就业率达百分百，就职于企业企划部、市场部乃至战略核心部门，协助并带动企业文化建设。

▲ 图源 各行业企业团队进修学习

导演商学院还在核心城市建立同学会，成为当地资源互动、人才交流的商业文化平台。

▲ 图源 导演商学院课堂互动

　　云南吉盛祥茶业有限公司、广州市耐动信息科技有限公司、北京凯利尔医疗科技有限公司、北京唯斯顿文化发展有限公司、重庆市盐业（集团）有限公司等众多知名企业纷纷组团学习，使企业品牌文化呈现得到质的飞跃。

▲ 图源 各行业企业团队进修学习

导演商学院
Director Business School

广州 | 第一期

广州 | 第二期

广州 | 第三期

广州 | 第三期

广州 | 第四期

广州 | 第五期

广州 | 第六期

广州 | 第七期

广州 | 第八期

导演商学院
Director Business School

广州 | 第九期

广州 | 第十期

广州 | 第十一期

广州 | 第十二期

广州 | 第十三期

广州 | 第十四期

广州 | 第十五期

北京 | 第十六期

广州 | 第十七期

北京 | 第十八期

广州 | 第十九期

北京 | 第二十期

北京 | 第二十一期

北京 | 第二十二期

北京 | 第二十三期

北京 | 第二十四期

北京 | 第二十五期　　　　　　　　北京 | 第二十六期

· · · · · · ·

▲ 图源　导演班

· · · · · · ·

▲ 图源　商业路演企划培训班

导演商学院
Director Business School

· · · · · ·

▲ 图源 国际游学班

鸣谢单位（排名不分先后）

政府机构

北京市丰台区中小企业创新创业促进会

北京市丰台区政府

北京市丰台区科学技术委员会

北京市丰台区投资促进局

北京市丰台区商务委员会

北京市丰台区经济与信息委员会

北京中关村科技园区丰台园管理委员会

北京市文促中心

北京市中小企业公共服务平台

案例企业

北京元六鸿远电子科技股份有限公司

北斗航天卫星应用科技集团有限公司

北京青宁文化传媒有限公司

北京当瑟文化艺术发展有限公司

北京凯利尔医疗科技有限公司

北京基础美医疗美容医院有限责任公司

广州美赢东方生物科技有限公司

广州市岭南中草药博览园有限公司

重庆市盐业（集团）有限公司

内蒙古加目奇云牧业有限公司

山东玉堂酱园有限责任公司

玛戈隆特骨瓷（上海）有限公司

云南吉盛祥茶叶有限公司

黑钻石导演商学院优秀学员企业

上海未石影视文化有限公司

山东东八区文化传媒有限公司

广州创格企业管理咨询有限公司

宁波风向文化传媒有限公司

盐城丝凯文化传播有限公司

湖南拾年电影文化传媒有限公司

北京电之光文化传媒有限公司

河南慧创影业股份有限公司

烟台彩云之巅广告传媒有限公司

天津天金加银科技发展有限公司

青岛蓝印堂文化传媒有限公司

艾仑科技（北京）有限公司

连云港海诗影业传媒有限公司

深圳市狼图创新营销策划有限公司

北京人人路演科技有限公司

扬州融泽创业孵化管理有限公司

河南中派影业有限公司

沈阳承图文化传媒有限公司

永州风尚传媒有限责任公司

北京盛世星悦国际文化有限公司

长春合创餐饮管理有限公司

通化市妍寿生物中药有限公司

邢台新境界文化传播有限公司

河南汉合影业有限公司

惠州影响力文化传媒有限公司

沈阳秋暝传媒有限公司

东莞市玉圆文化传播有限公司

连云港智慧城市路演文化有限公司

南京九趣文化传媒有限公司

北京超凡匠心科技有限公司

陕西风驰映画影视传媒有限公司

河北里外理文化传媒有限公司

周老爹食品有限公司

优秀学员企业

01 上海未石影视文化有限公司

学员简介

李林先生早期在石家庄专业服务于各大电视台，进行栏目包装制作，后追求自己的影视梦想，开始在上海打拼。凭着认真的态度和对梦想的执着，李林得到中国著名导演谢渊的认可，并有幸拜谢渊为师。

2010年，李林参与上海世博会博物馆360°环幕影院的制作，影院由极具震撼效果的三面幕共同构成，营造出绝佳的视听体验。

2011年，李林进入中国规划馆行业的龙头企业上海风语筑展示股份有限公司，负责多媒体及影视制作，与多位行业精英合作，创作近百部城市规划影视作品。

2014年，李林创立上海未石影视文化有限公司。

2015年1月，李林投资拍摄了一部现实公益题材的教育影片《彝乡情》。

企业简介

上海未石影视文化有限公司（英文名称：WISH）是一家专注于数字展示、数字城市、影视广告等数字视觉艺术体验的综合服务商，拥有高素质的核心管理层和经验丰富的技术团队，凝聚了一批行业内的精英，专业制作极富影响力的各类影视作品，力争成为业内视觉工程的品牌服务专家。

WISH以前沿的数字媒体科技为手段，以艺术体验为切入点，采用先进的数字展示技术，精于CG（计算机动画）电影、3D立体实拍、4D立体电影、360°影院，打造兼具艺术感染力与互动科技性的展馆，为全国规划馆、博物馆、科技馆、主题公园、数字展馆等创造别具风格的数字影像，开启一场生动震撼的数字艺术互动之旅。

导演商学院
优秀学员企业

02　山东东八区文化传媒有限公司

学员信息

姓名：安百利
性别：男
学习期数：第十八期

资质荣誉

第二十六届中国新闻奖、第十四届长江韬奋奖。

部分案例展示：

◀ 聊城消防形象宣传片

◀ 《美丽交院》形象片

◀ 济南西机务段宣传片

◀ 山东东八区2016—浪潮集团山东华光路演篇

企业简介

山东东八区文化传媒有限公司（简称：东八区）创办于2015年，是一家以文化创意产业、纪录片、商业片为主的综合性文化传媒机构。创办至今，东八区参与作品已荣获中国新闻奖等多项国家、省部级奖项。

东八区秉承高度商业认知，将人文精神与商业价值完美融合。公司参与搭建商业路演平台，对接路演中国商业路演平台，借助平台之力，提升企业价值，成为众多合作伙伴的指定服务商。东八区先后与山东广播电视台、中国重型汽车集团有限公司、中通客车控股股份有限公司、天津地铁、万科企业股份有限公司、中铁建设集团有限公司、山东交通学院等签订战略合作协议。

东八区参与的山东广播电视台大型纪录片《孔府档案》已在山东卫视和中国中央电视台播出；参与摄制的纪录片《大师在青岛》也已登陆山东卫视和央视网。

东八区拥有国内一流的传媒创意人才和资深策划专家，始终以实现客户愿景、助力品牌提升为己任，倾力打造有影响力的综合性文化传媒机构。

导演商学院
优秀学员企业

03 广州创格企业管理咨询有限公司

学员信息

姓名：王伟

性别：男

学习期数：第二十二期

学员简介

王伟先生被美妆行业上游知名企业——流行美、ZFC彩妆、尚艺等誉为"中国美妆产业营销鬼才"，并带领团队策划了美妆行业的诸多知名大事件，如"海量招生主题培训""美妆学校校长高峰论坛""百强名校颁奖盛典""冠军校长金牌密训""第八届十佳大赛千人盛宴·广州站""百城万店·魅惑之旅""超级导师·全国巡讲"等。

企业简介

广州创格企业管理咨询有限公司（简称：创格策划），由王伟先生联合行业十余名知名顾问导师发起创办，为美妆产业上中下游客户提供顾问咨询、品牌策划、招商推广、活动策划、经管培训、影视包装等全方位辅导服务。

公司主营业务包括：品牌年度咨询顾问案、中国职业教育产业A级孵化工程、影视策划包装、活动策划等，致力于成为"中国美妆产业运营策划专家"与"中国美妆产业咨询策划领导品牌"。

导演商学院
优秀学员企业

04 宁波风向文化传媒有限公司

学员信息

姓名：赵野

性别：男

学习期数：国际班第四期

企业简介

　　宁波风向文化传媒有限公司（简称：风向传媒）成立于 2011 年 5 月，拥有多年媒体发展经历，并在 2016 年成立 VR（虚拟现实）部门。

　　风向传媒始终以完善的技术、周到的服务、卓越的品质用心服务客户，承接宣传片、广告片、微电影、专题片、MG（动态图形）动画、产品介绍片以及各类活动商演等业务，依靠优秀的媒体资源强势宣传，成为宁波极具影响力的传播运营机构之一。

学员简介

　　我是光影的雕刻者，

　　更是时光的见证者，

　　我的使命是塑造影片的灵魂，

　　我宁要充满挑战的人生，

　　也不要万无一失的平庸。

　　我愿用激情实现奇思妙想，

　　更愿用分享推动前进成长。

　　"风行天下，向阳而生，

　　见证时光，与你同在。"

　　这是我的座右铭，更是我创办公司的愿景。

05 盐城丝凯文化传播有限公司

姓名：柳娟

性别：女

学习期数：国际班第四期

企业简介

丝凯文化拥有资深导演、专业摄像、文案策划等精英团队，根据"企业文化是企业发展命脉"理念，积极帮助企业做大做强，积累了众多的成功案例与丰富经验。

2014年，获得第21届江苏广告节特别奖；

2015年，与江苏边防总队盐城边防支队合作拍摄《鹤之恋》，该片荣获江苏省武警"四有"主题微电影大赛银奖；

2015年，原创视频《老鸭煲》点击突破10万次；

2015年，《九龙锦江国际大酒店》宴会篇被腾讯视频列为原创视频案例；

2015年，被盐城市青年商会授予盐城青商优秀会员荣誉；

2016年，为国网江苏省电力公司盐城供电公司创作的微电影《青春展风采"网盾"护光明》荣获全省青年文明号微电影大赛一等奖和最佳编剧奖。

2016年，取得广播电视节目制作经营许可证，与多家企事业单位建立起常年友好合作关系。

学员简介

凭借多年从事电视广告工作的职业积累，柳娟女士独创了一整套操作模式，为进军影视市场奠定了坚实基础。

2014年，她携着对本真的追求，以正规化、专业化和高端化的思维模式，成立了盐城丝凯文化传播有限公司（简称：丝凯文化），专业从事影视广告、宣传片、微电影、三维动画、企业宣传片、专题片策划与摄制制作，立足为企事业单位量身打造专业的文化传播战略，为社会文化的传播贡献自己的一份力量。

经过三年多的拼搏和坚守，如今，丝凯文化已经一步一个脚印，走上正轨。

06 湖南拾年电影文化传媒有限公司

学员信息

姓名：谢昭晖

性别：男

学习期数：第八期

资质荣誉

公司曾参与的大型电视节目一览。

2013 年：

湖南卫视《谁与争锋》《新闻大求真》《我是歌手》；广东珠江频道《麦王争霸》；安徽卫视《超级演说家——第二现场及真人秀》《我为歌狂——第二现场及真人秀》等。

2014 年：

湖南卫视《先锋问答》《奇妙的朋友》；青海卫视《妈咪救兵》；安徽卫视《少年中国梦》；先锋纪实《喝茶去》；江西卫视《带着爸妈去旅行》；金鹰卡通《疯狂的麦咭》；湖南公共频道《音为梦想》；江苏卫视《明星到我家》；天津卫视《喜从天降》；中央电视台电影频道《寻找灰姑娘》等。

2015 年：

湖南卫视《真正男子汉》；芒果 TV（互联网视频平台）《liveshow》；腾讯视频和东方卫视《我们 15 个》；湖北卫视《一路心喜》；湖南女性频道《美人策》；重庆影视频道《全民背战》；金鹰纪实《故事湖南》等。

2016 年：

湖南国际频道《马中文化交流艺术晚会》；深圳卫视《极速前进》及一大批观众喜爱的电视广告作品和行业内好评如潮的城市、企事业单位、产品宣传片作品。

企业简介

湖南拾年电影文化传媒有限公司依托强大的媒体资源应运而生，公司以影像服务为中心，是湖南省内一家集策划创意、拍摄执行、设备租赁、技术服务、媒体运营于一体的策略谋划型影视传媒公司，主营业务包括电视广告、电视节目、企业宣传片、网剧、剧组执行、设备租赁、讯道直播技术等。

07 北京电之光文化传媒有限公司

学员信息

姓名：胡阿龙

性别：男

学习期数：国际班第四期

学员简介

▲ 胡阿龙与张艺谋导演合影

胡阿龙先生是我国国内专业 3D 立体影像专家，一直致力于 3D 立体影像发展。他先后毕业于中影培训基地导演专业、北京电影学院摄影系，是位影视专家、全面掌握高端前期导演拍摄和后期合成制作并成功转型的综合型导演，与国内一流电影前辈一起工作学习，为他创造出更优秀的影视作品奠定了坚实基础。

企业简介

北京电之光文化传媒有限公司致力于各类高端影视制作，以自有 3D 立体影视设备器材与技术人员的强大优势，涉足 3D 立体电影电视剧、企业宣传片、城市宣传片、广告片以及 3D 立体拍摄制作、4D 立体电影摄制、VR 摄制等多个影视制作领域，是业界综合实力较强的专业影视公司。

北京电之光文化传媒有限公司率先引用 RED ONE（数字电影摄像机）系列和 3D 立体拍摄制作设备与技术，并创造性地将 RE DONE 应用到全系列影视制作中，不断创造业界奇迹。作为国内早期进行 RED ONE 3D 立体影片拍摄制作的影视公司，北京电之光文化传媒有限公司始终以尖端技术与发展理念不断引领行业发展，创造优质作品回报客户。

参与作品包括：4D 版本《无限风光鄂南美专题片》、3D 版本《听见你的声音》、4D 版本《智慧农行》、3D 版本《盘锦风景廊道》、3D 版本《魅力青岛》、3D 版本《神农架》、4D 版本《魅力高新》、4D 版本《海洋文化舟山基因》、4D 版本《八达岭长城》、3D 版本《公益广告——反腐倡廉》、3D 版本《临沂大学宣传片》、3D 版本《悦达集团宣传片》、3D 版本《黄山》、3D 版本《苏州宣传片》、3D 版本《魔术》、3D 版本《盘古宣传片》、3D 版本《宝马汽车宣传片》、3D 版本《多彩北京》等。

导演商学院
优秀学员企业

08 河南慧创影业股份有限公司

学员简介

移动互联网时代企业的广告宣传投放越来越侧重视频平台、公众号、自媒体等渠道，于是我在 2014 年 8 月份加入到黑钻石导演商学院第十四期导演实践班，开始了自己的影视启蒙之路。

目前我公司有 20 余人，合伙人团队 8 人，形成了坚定稳固的技术班底，我们有信心三年内在河南的服务客户达到 500 家，影视之路将是我毕生坚持并追求的成功之路。

企业简介

河南慧创影业股份有限公司（简称：慧创影业）专业制作企业宣传片、广告片、企业 MV（音乐短片）等影视产品，公司拥有齐全的拍摄器材、辅助设备和一支经验丰富的技术团队，是郑州地区规模较大、技术实力较强的企业宣传片制作公司。

慧创影业在为企业客户服务的过程中，逐渐摸索出一套以影视制作为主、以自媒体矩阵传播为辅的整体视频营销解决方案，不但生产影视工具，而且帮助客户进行有效广泛传播，不但切合客户需求，而且解决客户的销售转化诉求。未来慧创影业仍将在影视之路上奋力前行，帮助更多的企业进行视频营销推广，依托新媒体传播优势打造庞大的客户服务群，形成自己的品牌。

部分案例展示

▲《龙凤山牧业》　　▲《朗奥科技宣传片》

导演商学院 优秀学员企业

09 烟台彩云之巅广告传媒有限公司

学员信息

姓名：曹学贵

性别：男

学习期数：第十八期、第五十五期

学员简介

曹学贵先生
烟台彩云之巅广告传媒有限公司总经理
山东路演文化发展有限公司创始人
吉林动画学院校友会创业就业导师

2004—2008 年，在吉林艺术学院动画学院就读电视节目策划与制作专业。

2009—2012 年，分别在长春和烟台的影视公司从事宣传片编导和摄制工作，成为影视部制作主管，专业技能和业务能力大幅提升。

2012 年，成立烟台彩云之巅广告传媒有限公司（简称：彩云之巅），从租赁设备拍摄婚礼开始，公司稳步发展，服务客户近百家。

2016 年，通过黑钻石导演商学院的学习，从一名专注于影视制作的技术型初创者，转变成用导演思维运作商业的创业者。

2016 年 11 月，受母校邀请，参与母校发起的"JAI 创业联盟"，并被聘为校友会创业就业导师。

2017 年，根据彩云之巅战略顶层规划及企业发展目标，一步步落地执行企业战略，引领路演文化在烟台和胶东快速、长足发展。

企业简介

烟台彩云之巅广告传媒有限公司以影视制作为核心产品，依托路演系统，寻求在文创（影视传媒）重度垂直领域深度发展，打造成一家汇集人和资源的平台型企业，满足客户更深层次的需求。

目前公司业务包括：企业品牌战略规划与顶层设计、企业能量文化系统梳理与落地、路演的平台化教育推广、企业路演系统搭建、路演工具系统（路演片、文化片、价值片、产品片、传记片、微电影等）打造与执行。公司逐步为企事业单位乃至城市政府相关部门提供更具逻辑性和系统性的品牌形象打造和价值呈现服务。

资质荣誉：2016 年，公司被中国航天科技集团五院 513 所和海工英派尔工程有限公司列为指定供应商。

▲ 彩云之巅公司产品片

▲ 寻味海洋宣传片

▲《胶东味道 匠心情怀》文化片

导演商学院

优秀学员企业

10 天津天金加银科技发展有限公司

学员信息

姓名：刘军

性别：男

学习期数：第十八期

资质荣誉

天津天金加银科技发展有限公司（简称：天金加银科技）自主研发的十项系统，全部取得计算机软件著作权登记证书，标志着以上由天金加银科技自主研发的软件系统受到了国家认可及保护。

天金加银科技投资拍摄，沈越导演创制的《非农之夜》获得"2016年度中国微电影微视频纪实榜银奖"。

2017中国第三届金融分析大会，天金加银科技荣获"金牌投顾服务突出贡献奖""最佳分析软件创新奖"。

公司拍摄金融类系列网剧《局内人》，播放量破百万。

行业地位：

天津市金融投资商会理事单位。

企业简介

天津天金加银科技发展有限公司正式成立于2015年。天金加银网是天金加银科技旗下品牌，是专业的互联网线上投顾服务平台，专注于交易市场的第三方独立研究，为投资者提供数据信息、投研服务以及投资者教育等服务。

核心产品、业务：

依靠潜心专注的研究精神和精诚以致的服务精神，天金加银科技通过"品牌＋投顾服务＋产品终端"的分布模式，在投顾、投教、直播等方面建立了完善而系统的服务体系，全方位地帮助投资者提升投资水平，培养良好的交易习惯，树立正确投资理念。

▲ 扫描二维码认识天金加银科技

导演商学院
优秀学员企业

青岛蓝印堂文化传媒有限公司

学员信息

姓名：陈利鹏

性别：男

学习期数：第二十期

资质荣誉

中国百强婚礼影像团队

索尼微视界签约 4K 婚摄合作机构

索尼（中国）微视界扶持全国 30 家婚礼影像团队之一

青岛市微电影协会西海岸分会常务理事单位

青岛半岛都市报 3.15 最受市民信任品牌

青岛婚礼影像行业一线品牌

企业简介

我们是一群爱好摄影的人，我们都有一个梦想，希望在婚礼影像的道路上获得令人尊敬的成就。

青岛蓝印堂文化传媒有限公司（简称：蓝印堂）一直坚持以扎实的摄影技术、优质的跟拍服务获得业界肯定，也正是因为这种真诚对待客户、朋友的态度，蓝印堂才一步步从不为人知的团队发展到今天业界鼎鼎有名的文化传媒公司。

公司旗下拥有蓝海印象、青橙映画、Lanvision Lanbaby 三大品牌，业务涉及婚礼拍摄、婚礼电影、宣传片拍摄、航拍、（海内外）旅游跟拍、亲子微电影、公益电影等。蓝印堂不光拥有优良的技术团队，更坚持打造自己的品牌。

同时，蓝印堂还定期邀请国内同行分享经验与技术，同时也为有相同志向和爱好的青年提供一个学习和交流的平台。

蓝印堂未来 5 年的计划就是把公司的业务拓展到一线城市，开展更多个性化、私人定制的特色服务，立志成为行业的标杆，打造一个在全国具有影响力的品牌工作室。

导演商学院
优秀学员企业

12 艾仑科技（北京）有限公司

学员信息

姓名：王旭东

性别：男

学习期数：第二十期

资质荣誉

北京奔驰汽车有限公司优质供应商

长安福特汽车有限公司优秀零部件服务商

企业简介

　　艾仑科技（北京）有限公司是一家集工业密封产品研发、设计、销售于一体的科技公司，主要为工业制造企业配套各种密封产品，包括氟橡胶、全氟橡胶、三元乙丙橡胶、硅橡胶等多种材质的 O 型圈密封产品，致力于为用户解决各种极限工况与极具挑战的密封应用环境，解决产品应用中的密封难题。

　　公司产品应用于工程机械、汽车工业、半导体、生物医药、空调制冷等。目前，从应用科学到信息技术，从工程设计到生物工程，从航空航天产品到深海蛟龙都能看到公司生产的密封产品，公司用技术改变环境、用速度谱写新经济体下的发展宏图。

导演商学院 优秀学员企业

13 连云港海诗影业传媒有限公司

学员信息

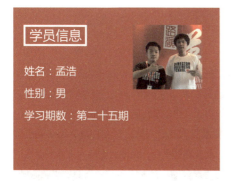

姓名：孟浩

性别：男

学习期数：第二十五期

学员简介

孟浩先生：青年导演，江苏省数字影视产业技术创新战略联盟成员，荣获"教育部全国首届法制多媒体大赛三等奖"、江苏省"领航杯"数字多媒体大赛一等奖、江苏省第四届大艺展微电影大赛二等奖、首届连云港微电影大赛优秀组织奖等荣誉称号。

孟浩曾为连云港国家高新技术产业开发区、连云港市海州区锦屏镇人民政府、东海温泉旅游度假区、河南省新乡市人民政府、江苏师范大学、万达电影院线、金辉集团有限公司等企事业单位以及中国·连云港文化产品博览会、中国（连云港）丝绸之路国际物流博览会、《中国新歌声》连云港赛区等大型活动提供视频服务。孟浩先生代表作有《一个餐吧的骄傲》《天籁意境》《新影片App（手机软件）路演开场片》等。

企业简介

连云港海诗影业传媒有限公司（简称：海诗影业）是连云港市广播电影电视协会电影（微电影）专业委员会会员单位、连云港市企业文化学会理事单位、连云港市创新创业协会理事单位、连云港市民营企业家协会会员单位，曾荣获中共连云港市委机关和市文广新局举办的连云港"山海廉韵"廉政公益广告二等奖等奖项。

作为苏北地区领先的专业影视机构，海诗影业擅长制作基于新媒体平台的内容，通过品牌创意短片帮助企业实现精准营销，通过结合互联网新媒体，推动传统传媒行业发展。公司每年为各类政府企事业单位提供影视服务近百余次，得到同行一致认可和客户高度好评，成为苏北地区互联网影视的风向标。

公司主要业务有电视节目制作、宣传片制作、新媒体影视制作、三维动画制作、网络大电影及网络栏目剧制作、音乐制作发行等。同时，海诗影业自主开发的"新影片"——互联网影视大数据及创作人服务平台，为互联网影视从业者提供器材租赁、电影众筹、数据分析等服务。

HAIS 海诗影业

14 深圳市狼图创新营销策划有限公司

学员信息

姓名：梁生

性别：男

学习期数：第十九期 第二十期

学员简介

梁生

深圳市狼图创新营销策划有限公司创始人

深圳黑马会 执行董事

专注影视营销策划与路演产业

企业简介

深圳市狼图创新营销策划有限公司（简称：狼图影业）是深圳黑马会指定路演服务单位、中国网·印象中国外联中心、黑钻石城市路演合伙人以及1980电商品牌孵化联盟发起单位。

狼图影业是一家以影视传媒、路演系统服务、商业路演平台、狼图商学院为主体的综合型文化传媒公司。公司秉承艺术与商业平衡原则，用高度的商业认知融合商业价值，深度发掘企业核心价值，通过"新传媒+新路演"的方式，为企业打造路演工具系统，提供路演系统、创意影视、商业直播等服务，帮助企业提升品牌与商业价值。

2016年8月，狼图影业正式成为黑钻石城市路演合伙人，以专业平台资源推动路演系统在深圳落地，用路演系统内容、路演系统服务、路演平台助力企业品牌成长。

15 北京人人路演科技有限公司

学员信息

姓名：戚厚利

性别：男

学习期数：第十六期 第二十一期

学员简介

戚厚利先生

历任 360、乐视用户体验专家、产品设计经理；

360 手机卫士极客版（第一版）产品经理；

拥有 10 年以上互联网产品设计及管理经验；

2011 年盛大全球产品创新大赛荣获三等奖；

拥有 20 多项互联网产品设计相关专利申请。

企业简介

北京人人路演科技有限公司成立于 2016 年，注册资金 1000 万元，是一家路演视频直播平台。公司旗下"人人路演"是一款"互联网时代 + 资本时代 + 路演时代"的 O2O（线上到线下）产品，通过"互联网 +"实现路演线上、线下相结合，打破"线下路演"时间、空间限制，从而解决"好项目找不到投资人，投资人找不到好项目"的用户痛点。

公司以用户需求为中心，为客户提供路演商业模式梳理、商业计划书制作、路演培训服务；可制作路演视频宣传片、对接投资人；为客户定制开发路演、招商、直播平台；为客户定制开发培训系统。

公司自成立以来，帮助数百家企业进行项目路演梳理、推广，帮助十余家企业打造属于自己的路演、融资、招商、培训、直播平台，解决企业融资难、融资贵问题，使企业在激烈的市场竞争中始终保持竞争力，实现企业快速、稳定发展。

▲ 扫一扫体验"人人路演"　　▲ 微信客服

导演商学院
优秀学员企业

16　扬州融泽创业孵化管理有限公司

学员信息

姓名：吴敏

性别：女

学习期数：第二十一期

学员简介

吴敏女士

大学生创业导师

扬州融泽创业孵化管理有限公司 董事长

扬州尚客空间青年创业基地 总经理

自1995年以来，吴敏女士先后在扬州市江都区经营3家淮扬菜餐厅，以创新的思维、精致的菜品、优质的服务赢得极佳口碑，深受当地群众欢迎。

2015年以来，吴敏女士在京学习企业管理、营销策划、路演培训等现代服务管理知识，后在扬州地区建立专业路演服务机构，成立扬州尚客空间青年创业基地，致力于服务地方创新创业。

企业简介

扬州尚客空间青年创业基地（简称：尚客空间）是由扬州市江都区科学技术局和仙女镇工业园区共同打造的市级创业孵化机构，由扬州融泽创业孵化管理有限公司运营管理。尚客空间品牌顶层设计包括创客服务、路演系统服务、智慧扬州工程、企业家俱乐部、招商融资五大板块，是扬州市众创空间、路演产业教育实践孵化基地、扬州地区专业路演服务机构。

尚客空间立足江都，辐射扬州地区，以路演和创新为驱动，以企业培训、项目对接、创客辅导、品牌创意、政策咨询、投资融资为重点，以战略规划打造、商业逻辑梳理、企业文化落地和运营管理为关键，致力于为创业者提供场地、技术、项目、融资等一站式创业服务，为扬州企业提供专业化、精准化的价值提升方案，打造扬州地区极具社会价值和商业价值的创新创业孵化机构。

2016年10月以来，尚客空间成功举办路演培训、路演实战等活动20余次，服务帮助企业家、创客200余人，并打造了路演沙龙、中国好项目扬州行等品牌活动，积极推动了扬州地区路演产业落地发展。

导演商学院
优秀学员企业

17 河南中派影业有限公司

学员信息

姓名：张晋

性别：男

学习期数：第十六期 第二十一期

学员简介

张晋是个地地道道的河南娃，生于乡村，长于城市，导游出身，熟悉河南历史。

2011年年底张晋误打误撞进入影视行业，以策划身份混迹于影视圈五年有余，做过二十余部宣传片及专题片、数场大型庆典活动。2012年他初识黑钻石后，一直默默关注黑钻石发展，并不断学习黑钻石作品，揣摩钻石文化。2015年他因陷入成长困境，参加第十六期导演商学院课程，开启钻石之路。2016年他因渴望更大成长，参加第二十一期导演商学院课程，获得最佳团队奖。2016年10月，他以学员代表身份参加导演商学院第一届校友会，荣获杰出校友企业奖。

未来，张晋希望成为中原地区最有影响力的路演策划人，让路演帮助更多企业走向全国乃至世界，在创造商业价值的同时，实现自己的影视梦想。

企业简介

河南中派影业有限公司（简称：中派影业）是一家以餐饮为核心的影视公司，以"用镜头向美食致敬"为使命，以"脚踏实地，仰望星空"为价值观，致力做中国餐饮影视第一品牌，为餐饮企业提供符合品牌特质的路演影像工具，包括展示类（品牌宣传片、企业文化片、匠心传承片）、传播类（创意广告片、产品宣传片、美食微电影）、招商类（招商加盟片、客户见证片、食品安全片）等。

自2010年以来，中派影业先后为阿五黄河大鲤鱼、解家老家河南菜、河南鲁班张餐饮有限公司、洛阳餐旅（集团）股份有限公司、河南厨乡满天星餐饮有限公司等众多餐饮企业摄制了百余部宣传片，策划了"奥运主题烹饪大赛""阿五，让豫菜站起来""让世界品味中原"等十余项大型餐饮活动，为传播中国豫菜文化做出了自己的贡献。

同时，中派影业密切关注中国餐饮行业动态，先后奔赴北京、成都、广州乃至法国、马来西亚等地，记录中国厨师节、世界厨师艺术节等国内外众多餐饮赛事及活动，并荣获由世界中餐业联合会颁发的"饮食文化传播奖"。

为了更好传播中餐文化，中派影业进一步制定了"全国餐饮影视服务战略"，专注餐饮，聚焦美食。

18 沈阳承图文化传媒有限公司

学员信息

姓名：董江

性别：男

学习期数：第十六期

学员简介

董江先生

沈阳承图文化传媒有限公司创始人之一，

曾在黑钻石导演商学院进修，

拥有多年制作影视栏目、宣传片、广告片经验，

熟稔项目流程，内外部工作协调游刃有余，

认为效率至上、善于沟通协调和处理客户关系，

是沈阳承图文化传媒有限公司的"谈判专家"。

企业简介

沈阳承图文化传媒有限公司（简称：承图文化）创办于 2010 年，立足沈阳，是一家集视频工具策划与制作、路演系统服务、文化创意产业、商业路演平台于一体的综合性文化传媒公司。公司秉承高度商业认知，将视频工具与商业价值融为一体，深入企业提取核心价值，为企业量身打造视频工具系统，搭建展示自身的路演平台。

自成立以来，承图文化一直致力于为企业打造宣传片、广告片等营销型视频，并从企业调研开始，针对企业实际情况制订营销方案，提供从策划、拍摄到后期推广的一条龙服务，为企业带来有针对性的、行之有效的视频营销方案。300余家客户的一致赞同是对承图文化行业实力的最好证明。

导演商学院
优秀学员企业

19 永州风尚传媒有限责任公司

学员信息

姓名：曾文杰

性别：男

学习期数：第二十一期

学员简介

曾文杰先生，永州祁阳县人。

2012 年，成立祁阳县爱琴海风尚传媒有限公司，主营婚礼策划；

2015 年，成立永州风尚传媒有限责任公司，主营影视制作、活动策划；

2015 年，晋升永州工商业联合会执委、永州青年企业家协会理事；

2015 年度荣获祁阳县"十佳青年创业创新典型"荣誉；

2016 年任湖南省永州市祁阳县政协委员。

在永州市婚庆、传媒行业具有一定知名度和美誉度。

企业简介

永州风尚传媒有限责任公司于 2015 年 11 月完成注册，是一家策划、拍摄、制作、推广一条龙服务的专业影视广告公司。公司主要从事影视广告、企业专题片、纪录片策划及制作；电视媒体、户外媒体投放；企业形象推广以及各种文化活动组织、策划、推广等业务。

公司团队由一群年轻有梦想的成员组建而成，旗下已建立了大话祁阳、风尚人物、祁阳微女神、风尚航拍、风尚纪实等多个品牌，其中大话祁阳、风尚人物等独创品牌已成为本土节目的经典和代表作。公司合作了百余家企事业单位，并为祁阳县社会保险局、城市管理局等单位出品制作了党建微电影。此外，风尚梦想大电影正在规划筹备中。

永州风尚传媒有限责任公司自成立以来，以良好的口碑和社会影响力，受到了社会各界广泛关注，迅速崛起成为永州极具影响力的自媒体影视公司之一。

导演商学院
优秀学员企业

20 北京盛世星悦国际文化有限公司

学员信息

姓名：于海江
性别：男
学习期数：第二十期

学员简介

于海江先生
明星路演创始人
明星经纪人
路演主持人
音乐节总策划
演出活动导演

企业简介

北京盛世星悦国际文化有限公司（简称：盛世星悦）是一家包装明星艺人、代理明星经纪业务、策划执行演出活动的文化公司。公司不仅为艺人的发掘、培养、推广、宣传、经纪代理等提供服务，同时提供音乐创作、制作、录音等一条龙专业音乐制作服务，拥有众多资深音乐人、原创影视音乐制作、录音、编曲等资源，并与各大主流电台、电视台、音乐传媒有着密切的业务合作往来，致力为明星打造全面、专业、系统的服务平台。

近几年在"双创"的大环境下，投融资项目大赛成为创业者、企业家必做的工作之一。但路演活动欠缺规范，路演主持人成为新生事物，路演人的舞台呈现力有待提升。

盛世星悦特别打造《路演明星》，自主研发路演主持人、路演人舞台呈现力课程，以培训为入口，带动明星经纪、演出代言业务，推动企业对路演服务需求，致力于成长为路演产业软实力培训和路演呈现力服务、路演活动策划的第一品牌。

 导演商学院
优秀学员企业

21 长春合创餐饮管理有限公司

学员信息

姓名：岳筱淇

性别：女

学员简介

作为 HAPPYYO（嗨派）品牌的创始人，岳筱淇个人从业经历非常丰富，先后从事教师、集团公司秘书、企业高管等多项职务，曾在国内知名大型国有企业从事多年企业管理工作。

2013 年涉足轻餐饮行业后，她创立了"HAPPYYO 美国自助酸奶冰激凌"品牌，目前品牌加盟店已遍布国内多个城市，正逐步跻身国内知名品牌行列。

企业简介

长春合创餐饮管理有限公司于 2013 年涉足冰激凌产业，并于 2016 年完成品牌全面升级，以"HAPPYYO 自助酸奶冰激凌"为品牌核心，分别在美国、澳大利亚设立海外事业部，通过严控采购渠道，实现工厂直采，确保了原料 100% 进口。公司严把产品质量关，采用世界先进的萃取技术，引领当今冰激凌产业发展的主要方向。

HAPPYYO 品牌通过统一的产品包装、技术支持、运营管理、营销推广，专业的管理团队，管家式的贴心服务，一站式的跟踪指导，提供自助酸奶冰激凌生产、销售，酸奶冰激凌原料销售、设备供应，HAPPYYO 品牌直营、连锁加盟等服务。目前，公司已签约中影星美电影院线公司，成为"星美院线冰激凌项目运营商"，致力成为中国冰激凌产业发展的重要力量。

同时，HAPPYYO 品牌倡导时尚健康、绿色自然的消费理念，引领中国冰激凌消费市场的新时尚，并与吉林公益共同携手打造"爱心助学工程"，努力服务创业大众，励志成为更具竞争力和影响力的国际品牌。

▲ 扫一扫关注
嗨派冰激凌

导演商学院 优秀学员企业

22 通化市妍寿生物中药有限公司

学员信息

姓名：姜佳矣

性别：女

学习期数：第二十二期

学员简介

姜佳矣女士

毕业于北京科技大学，主要工作经历如下：

2010.03—2015.01：吉林省凯帝动画科技有限公司 市场营销总监。

2015.03—至今：吉林省贝尔思文化传媒有限公司 总经理。

2015.11—至今：通化市妍寿生物中药有限公司 总经理。

加入通化市妍寿生物中药有限公司前曾为众多著名企业（富士康科技集团、一汽大众汽车有限公司、三一重工股份有限公司等）提供渠道建设、视觉体系搭建、VI形象设计、整体方案策划、落地执行等服务，并长期服务于共青团吉林省省委、长春市规划局、长春市城乡规划设计研究院、长春市测绘院等众多政府部门。

企业简介

通化市妍寿生物中药有限公司（简称：妍寿生物）位于中国医药城——通化，入孵于国家级医药高新区，具备强大的在地生产资源。

公司以行业顶尖的研发队伍为中坚力量，科研人员均从事中药全成分提取研究多年，致力于打造国内外领先的中药全成分转化工艺；公司为了更好保证项目生产，积极引进国内外高级微生物人才，为项目的后续市场拓展打下基础；公司拥有完善的管理团队和组织架构，在市场风险预估和风险防御方面均有丰富经验，能够为项目保驾护航。

妍寿生物倾力打造的中药全成分生物合成转化技术研发与推广项目，以微生态学为理论基础，在继承发扬中草药制备工艺的基础上，科学应用益生菌生物合成转化技术，活化提取中草药植物细胞内壁营养成分，使现代中草药药效提高4～400倍。该项技术可全面提升中药产业技术水平，有望创建一个拥有自主知识产权和国际话语权的战略性新兴医药产业群。

目前，妍寿生物利用此项技术生产了多款产品，其中妍寿北冬虫夏草饮料、妍寿酒、妍寿橘皮荷叶复合固体饮料为主推产品，并先后荣获"海南药品保健品金奖""吉林省消费者协会首推信得过产品""吉林省老龄委指定保健药品"等奖项，荣获"吉林省科技进步二等奖""国家星火计划项目"等荣誉。

导演商学院
优秀学员企业

23 邢台新境界文化传播有限公司

企业简介

邢台新境界文化传播有限公司（简称：新境界）是一家专业视频制造商。公司提供专业城市宣传片、企业形象片、工作汇报片、电视广告片、形象片、三维动画、电视栏目、微电影等影视作品制作服务，提供航拍、品牌设计推广、会议会务服务、新媒体运营、活动策划与执行等平面及线下活动服务。

新境界拥有专业制作团队以及先进的影视设备，以创作实力为基石，以中外先进制造理念为跳板，超越平面与空间束缚，给客户全新的视觉感受和震撼效果。

"只做最懂你的作品"是新境界的核心价值观，多年来，新境界通过不断创新的专业技能和严谨负责的工作态度，创作超越客户期待的作品，达成卓越的客户满意度，以共赢的态度赢得合作伙伴的尊重和信任。

学员简介

谢玫先生——导演、邢台新境界文化传播有限公司创始人。此前 20 年，他在圈内用镜头记录变迁。今后 20 年，他在圈外用脚步丈量距离。

▲ 爱凡杰宣传片

▲ 南宫招商宣传片

▲ 巨鹿医院宣传片

▲ 邢台旅游宣传片

▲ 巨鹿城市招商片

▲ 禁毒公益广告片

 导演商学院

优秀学员企业

24 河南汉合影业有限公司

学员信息

姓名：刘浪

性别：男

学习期数：第二十二期

学员简介

刘浪导演

河南省服装行业协会 主任

河南省模特协会 副会长

河南省摄影家协会 高级摄影师

郑州首届微电影节 评审专家

中原国际时装周组委会 会员

从事影视行业十年，擅长企业宣传片制作、广告片策划、微电影创意指导等，自主运营自媒体平台先觉、谷牧归，在业内拥有良好的声誉。

▲ 扫一扫
关注郑州汉合影视

企业简介

河南汉合影业有限公司，原郑州汉合文化传播有限公司，成立于 2008 年，主要从事广播电视节目制作，电影摄制，影视广告、企业专题片、形象片、产品广告片、纪录片、微电影等策划及制作。公司秉承"全心全意为客户需求服务"的宗旨，坚守"诚信务实"的工作作风，不断提高专业团队的技术能力和创新能力，成为河南省极具实力的集电视电影制作、文案策划、采编、摄像、摄影、后期制作、特效包装于一体的专业影视综合性服务平台。

公司拥有雄厚的技术力量、全套先进的影视制作设备和专业的制作团队，全面支持影视制作全流程业务。

经过多年发展，公司与众多大型企事业单位、河南各大金融企业（中国银行、招商银行、中信银行、中原银行、浦发银行、光大银行、民生银行、中原资产等）、展览展示公司、公关公司、媒体单位、文化传播公司建立了广泛的业务联系，为客户提供一体化的影视制作和传播服务。专业的水准、良好的口碑和信誉，使河南汉合影业有限公司成为影视服务行业的信赖之选。

十年时光磨砺，百部作品锤炼，秉持稳健、极致的影视制作理念以及大气的创作风格与时俱进，公司已为观众创作了一大批品质优良、制作精细、深受观众喜爱的影视作品。公司致力于为客户提供高质量、全方位、专业化的服务，以专业的摄制水准为客户打造极具影响力的优质作品，赢得了客户的一致赞誉。

导演商学院
优秀学员企业

25 惠州影响力文化传媒有限公司

学员信息

姓名：黄响

性别：男

学习期数：第二十二期

学员简介

黄响先生自 2009 年 5 月开始从事影视工作，从剪辑、拍摄到方案策划，每份工作都用心做好，自己也积累了很多经验，得到很多客户的认可。

相信抱着"对理想永不放弃，对信念始终坚持"的信念，他未来的道路会越走越宽！

企业简介

惠州影响力文化传媒有限公司是一家从事影视拍摄制作及相关服务的影视机构。公司专注于企业和政府宣传片、微电影、产品片、广告片、MV、动漫制作及活动拍摄，也是"惠州学院教学实习基地"。

毫无疑问，优秀的广告片能"替品牌或企业讲一个深入人心的故事，让人产生共鸣，促成销售和消费者认可，培养忠实消费者。"这是公司一直在做的事，将艺术与商业完美结合，是公司永恒的追求。

部分案例展示：

▲ 保利十周年宣传片

▲ 叶挺将军纪念园宣传片

▲ 渴望光荣MV

▲ WEK电视宣传片

◀ 酷冷至尊床上电脑桌宣传片

导演商学院
优秀学员企业

26 沈阳秋暝传媒有限公司

学员简介

秋暝先生

　　沈阳秋暝传媒有限公司创始人、制作总监，拥有十余年影视剧制作经验，从事过制片人、统筹、策划、编剧、剪辑师、摄影师等工作。

企业简介

　　沈阳秋暝传媒有限公司是一家专注企业宣传，只为企业服务的影像机构，公司涉及的业务与服务如下。

　　（1）商业摄影：楼盘、建筑、园林景区、厂房等对质量要求较高的环境摄影，720°全景，航拍，企业形象摄影。

　　（2）影视拍摄：专注企业宣传片等各类企业影像宣传拍摄及后期制作、网络自媒体栏目、网络剧、网络电影、连续剧、院线电影制作。

　　（3）营销策划：企业营销策划、企业文化梳理、品牌系统建立及营销策划、营销系统与品牌系统培训。

　　（4）自媒体营销：微信公众平台建设、网站开发、网络信息维护。

导演商学院
优秀学员企业

27 东莞市玉圆文化传播有限公司

学员简介

陈玉兴女士，东莞市茶山镇人，东莞市玉圆文化传播有限公司总经理。

2010年7月，在国营单位工作15年的她走上创业之路。所谓"玉圆"，即为公司的经营理念"玉成愿望，圆您梦想"。她说："玉圆没有员工不成圆，陈'玉'兴要与员工一起'圆'梦。"而员工说："她就是一个对工作有着高度热情与追求的好老板，一个对员工用心、关心的好家长。"

经历了从单一业务领域到多领域发展后，陈玉兴从拥有若干个部门发展到拥有若干个子公司。她希望把未来的发展目标锁定在文化行业上，开发自己的文化产业园，为更多文化行业从业人员提供更大的展示平台。

企业简介

东莞市玉圆文化传播有限公司（简称：玉圆文化）成立于2010年8月，多年来专注于品牌全案设计、策划设计、影视制作、空间工程、路演系统等项目，提供一站式品牌服务，专注城市文化、企业文化及校园文化，努力实现品牌理念的完整性、实操性和可持续发展性。公司为集团公司、企事业单位及金融保险、培训教育等行业客户提供优质服务。迄今为止，公司创作了上千个经典案例，成功服务了百余家企业，从而与它们形成战略合作伙伴关系，不断取得企业的信任。

2016年，玉圆文化将影视部划分出来，正式成立广东玉圆影业发展有限公司。未来，玉圆文化仍将在大传媒的范围内不断研究市场需求，挖掘整合更多营销资源，引进更多专业人才，在市场调研、管理咨询、品牌运营、整合营销推广等众多领域不断延伸发展，全面实现玉圆品牌的发展目标。

企业部分荣誉资质：

广东省守合同重信用企业、东莞微电影协会"编剧工作委员会"、莞城影视文化促进会秘书长单位、茶山镇青年企业家协会理事单位、东莞市茶山商会会员单位、东莞市版权协会会员单位、黑钻石国际传媒集团"东莞合伙人"。

28 连云港智慧城市路演文化有限公司

学员信息

姓名：袁伟

性别：男

企业简介

　　连云港智慧城市路演文化有限公司坐落于连云港高新区科技创业城，作为"双创"明星企业，是一家为创客、企业和政府提供路演系统服务的公益平台，专注打造特色知名的软实力孵化基地。

　　公司核心产品及业务包括：路演文化传播、路演系统打造、路演影片制作、商业逻辑梳理、孵化器服务、资本对接等。

学员简介

袁伟先生，毕业于江苏师范大学，

从事互联网、传媒、策划行业多年。

黑钻石路演中国城市合伙人

连云港城市路演中心创始人

连云港创新创业孵化导师

黑钻石路演中国首批孵化导师

连云港智慧城市路演文化有限公司 CEO

连云港市百万家园网络科技有限公司总经理

连云港市微盟信息科技有限公司总经理

导演商学院
优秀学员企业

29 南京九趣文化传媒有限公司

学员信息

姓名：程进
性别：男
学习期数：第二十六期

学员简介

程进先生从业经历：

1999—2002 年
上海酷一信息科技有限公司 三维动画师

2000—2004 年
深圳市扬展科技有限公司 动画部经理

2007 年至今
南京易磬数码科技有限公司 创始人

2009 年至今
南京九趣文化传媒有限公司 创始人

2015 年至今
南京中视动画有限公司 创始人

2017 年至今
南京中亚恒创智能科技有限公司 创始人

企业简介

南京九趣文化传媒有限公司（简称：九趣传媒）成立于 2009 年，是一家专业数字影像服务商。

九趣传媒以创意、科技、服务为核心价值，依托国际领先的数字图像技术，为企业宣传、产品展示、房地产开发、城市规划、电视广告等领域提供全方位的创意视觉展示服务。

公司产品和服务包括数字影视特效、工业仿真动画、企业宣传片、广告影片、展览展示策划及系统集成，多媒体、虚拟现实解决方案等。

多年来，公司凭借先进的技术，丰富的创意，专业的团队，优秀的客户服务以及完整的产品线，赢得了市场及客户一致认可，项目遍布全国各地。

未来，九趣传媒将持续为客户提供专业、优质的服务，打造新的行业标准，为实现"成为国内一流的数字图像公司"目标不断努力。

NINE ART
九趣文化

 **导演商学院**
优秀学员企业

30 北京超凡匠心科技有限公司

学员信息

姓名：王丽娟

性别：女

学习期数：第二十六期

学员简介

王丽娟女士

北京超凡匠心科技有限公司创始人、CEO

　　毕业于中国人民大学，拥有 20 多年丰富的企业服务工作实践经验，在工商、财税、知识产权、金融等方面有着丰富经验和资源，全面负责北京超凡匠心科技有限公司的工作。

企业简介

　　北京超凡匠心科技有限公司（简称：超凡匠心）位于丰台区总部基地科技园区内。作为中关村高新企业，公司采取"线下孵化＋线上孵化"的经营模式及"超越自我、不甘平凡、匠人精神、用心做事"的经营理念，致力于培育和服务中小企业创新创业。

　　公司以服务中小企业创新创业发展为己任，积极完善硬件设施，搭建和运营中小企业公共服务平台，为企业提供办公、经营、休息的共享设施。同时孵化器内有专业的孵化团队，优质的一站式服务平台，针对创新创业企业的实际需求，不断创新服务模式，提供全方位、多样化的服务，包括工商财税咨询、商标咨询、知识产权咨询、双高新咨询、政策咨询、投融资服务、创业导师服务、人才培训服务、法务咨询等，提升中小企业的市场竞争力，加速中小企业市场化、产业化进程。自 2017 年 3 月 2 日成立至今，超凡匠心累积孵化企业近 200 家。

超凡匠心
CHAO FAN JIANG XIN

31 陕西风驰映画影视传媒有限公司

学员信息

姓名：郭永

性别：男

学习期数：第二十四期

学员简介

郭永——一位痴迷于影视行业的追梦人。

企业简介

陕西风驰映画影视传媒有限公司——品牌故事的传播者。

公司以"传"为本，挖掘品牌故事，传播品牌价值，围绕客户诉求提供影像服务立体化、品牌宣传系统化、年度活动品牌化的一站式落地执行服务，利用创新的品牌宣传理念与模式，为品牌增值，释放品牌力量！

公司核心业务包括：宣传片、纪录片、微电影、企业宣传落地系统等制作。

32 河北里外理文化传媒有限公司

学员信息

姓名：赵华
性别：男
学习期数：第二十六期

学员简介

赵华先生，毕业于工商管理专业，曾就职于国内知名的人力资源服务机构前程无忧，国内分类信息平台 58 同城，后就职于全球领先的新闻传播机构美通社任高级传播顾问，长于市场营销、企业管理和品牌体系建设。

企业简介

河北里外理文化传媒有限公司（简称：里外理）成立于 2016 年，位于京津冀腹地河北省廊坊市，专注提升企业自我认知，为中小企业的转型与发展提供咨询服务。

里外理通过企业诊断、顶层设计、内部治理、品牌文化建设等服务，帮助中小企业紧跟时代发展步伐，为企业塑造文化、提升知名度、创新发展模式、推动销售和筹集资本提供行动策略与支持。

企业核心业务包括：企业诊断服务、企业和城市路演服务、品牌传播服务、新三板及地方四板上市辅导服务。

33 周老爹食品有限公司

学员信息

姓名：王大伟

性别：男

学习期数：第二十六期

资质荣誉

目前门店数量：518 家。

分布区域：东北、华北、华东、西北等地。

开店成功率：85%。

年营业额：180 万元（保守估计）。

企业简介

周老爹食品有限公司是一家集周老爹餐饮管理、美食周卤艺、美食周科技公司、卤八方研发中心、周老爹资本投资为一体的集团化公司，拥有"周老爹""周福贵""周阿吉""卤八方""老奉天""奉天客"等品牌，主打的"周老爹食品"以健康养生、口味独特和优质的服务赢得了百姓良好口碑，成为中小投资者投资创业的可靠项目。

周老爹食品有限公司现有 500 多家加盟连锁店，与之匹配的绿色、健康食品产业链建设也在日益完善，迅速发展。

公司旗下九大核心产品包括周氏秘制烤制品系列、周氏炸制品系列、周氏特色卤制品系列、周氏特色酱制品系列、周氏秘制麻辣系列、周氏炸制品、周氏凉拌系列、肉灌制品、预包装食品，简称"熏、酱、卤、麻辣、烤、炸、凉拌、肉灌制品、预包装食品"。